"Kathleen Nielson examina questões complexas sobre o tema mulheres e Deus, que talvez algumas pessoas tenham medo de verbalizar: Deus é a favor das mulheres? Ele gosta de nós? Empregando as próprias palavras de Deus na Escritura, Nielson nos ensina que a resposta é um ressonante 'Sim!'."

Colleen J. McFadden, Diretora de Women's Workshops
Charles Simeon Trust

"Comecei a ler inúmeros livros sobre mulheres, mas este é singular — em parte, porque o li até o fim! Na verdade, eu não conseguia largar o livro. Kathleen reuniu todas as questões complexas sobre mulheres, abordando-as de frente. Dotada de um misto singular de experiência e entendimento quanto ao que significa ser mulher na cultura de hoje, Kathleen oferece respostas plenamente bíblicas que, a cada página, apontam para o evangelho. Ao ler a respeito daquilo para o qual fui criada, senti-me levada às lágrimas, como se um fardo tivesse sido tirado de meus ombros. Cada capítulo traz entendimentos renovados, e Kathleen trata, sem temor, de versículos delicados. É uma abordagem simples, acessível, atual e bem realista, um livro que sempre vou consultar."

Linda Allcock, London Women's Convention

"Algumas pessoas que debatem teologia acabam ficando terrivelmente estridentes — tanto na forma como tratam a Escritura como no tratamento interpessoal. Em nossos dias, debates quanto ao tratamento das mulheres, especialmente na igreja, é um assunto quente. Espero que muitos leitores de todos os lados desse debate tirem um tempo e invistam esforços para escutar atenta e respeitosamente ao que diz Kathleen — mulher de mente arguta, coração dedicado à Escritura e que possui a delicadeza de tratar pontos de vista variados com equidade, mesmo quando está apresentando evidências que sustentam seu entendimento acerca de passagens e temas-chave. Ela não se esquiva das "questões complexas" e se comove diante da 'belíssima verdade'."

D.A. Carson, Professor pesquisador do Novo Testamento, Trinity Evangelical Divinity School, Illinois; Presidente, The Gospel Coalition

"Kathleen Nielson abre com proficiência passagens difíceis da Escritura que, por vezes, nós tentamos evitar. Em todas as páginas, ela nos ajuda a lidar com questões difíceis, enquanto nos convida a assumir esta linda verdade: Deus é bondoso para com as mulheres. Este é um livro excelente e necessário — e eu o recomendo para homens e mulheres."

Melissa Kruger, autora de *The Envy of Eve e Walking with God in the Season of Motherhood*

"Em uma época de crescente confusão e eventual resistência à Palavra de Deus quanto às questões de gênero, Kathleen apresenta um caminho claro e sábio para a correta compreensão da Palavra de Deus nessa área tão importante. Ela examina com cuidado passagens que tratam de nossa identidade, de nossos valores e de nossas responsabilidades no mundo de Deus. Contudo, não pense que este é um livro só para mulheres. Também é um excelente recurso para os homens, na medida em que enfrentamos o ensino da Bíblia quanto ao que significa ser mulher."

Kara Hartley, chefe de Diaconia do Ministério de Mulheres, Diocese de Sydney, Austrália

"Tive o prazer de ler este livro encorajador e gratificante, que aborda muitas questões controversas relacionadas às mulheres cristãs. Louvo a coragem de Kathleen Nielson, que enfrenta de frente algumas perguntas difíceis, e penso que muitos se beneficiarão com sua abordagem completa e sua percepção cuidadosamente argumentada. Em especial, aprecio sua insistência em que todas as questões sobre ser mulher (na verdade, sobre qualquer assunto) têm de começar com Deus. Com frequência, os assuntos aqui tratados estão carregados de uma emoção que resulta no obscurecimento de um raciocínio cuidadoso. Kathleen nos mantém fixos na Palavra de Deus, enquanto demonstra o amor e a compaixão de Jesus para com as mulheres."

Wendy Virgo, autora de *Influential Women* e palestrante internacional

"É com grande alegria que recomendo *O que Deus diz sobre as mulheres*. O que mais gosto neste livro não é o fato de ter sido escrito por uma mulher para mulheres, mas de ter sido escrito por alguém que é mestra fiel da Bíblia e que, por acaso, também é mulher. Kathleen responde a perguntas difíceis que a Bíblia levanta em relação às mulheres, mostrando-nos a Escritura e a glória de nosso Salvador, Jesus."

Juan Sanchez, Pastor sênior, High Pointe Baptist Church, Austin, Texas

"Senti-me encorajada por este livro, que apresenta um assunto nada fácil ou popular, na medida em que aborda algumas questões sérias e difíceis, e nos ajuda a dar respostas à luz da Palavra de Deus. Ao ler este livro, é fácil ver que a própria Kathleen se deleita na bondade do plano de Deus para as mulheres. E ela nos mostra, com carinho e beleza, como essa bondade permeia toda a Bíblia."

Andrea Trevenna, autora de *The Heart of Singleness*

"Fui profundamente favorecido ao ler *O que Deus diz sobre as mulheres*. Trata-se de um livro escrito por uma mulher sábia que não se esquiva das questões duras, doloridas e complexas. Francamente, há poucas pessoas em quem confio mais que a dra. Nielsen para me estimular, me desafiar e me fazer refletir rigorosa, cuidadosa e biblicamente sobre essas coisas todas. Este livro é fiel e sensível, verdadeiro e persuasivo, ponderado, mas compreensível; Kathleen, por sua vez, é atenta (e receptiva) às perguntas que cercam essas questões na igreja e no mundo atual. Fala com a experiência de uma mulher e com o desejo de nos ajudar a ser fiéis à Palavra de Deus, e a ver a bondade de Deus tanto no fato de ter criado as mulheres como naquilo que ele as chama para fazer."

Ligon Duncan, Reitor, Reformed Theological Seminary, Jackson, Mississippi

"Amei este livro! O que Deus diz sobre as mulheres é mais do que uma visão geral do papel das mulheres na família e na igreja. Esta obra enfrenta todos os textos conhecidos, como também aqueles que nos chocam mais e nos deixam perplexos, aqueles que outras pessoas buscam evitar. Kathleen antevê as perguntas e as objeções que as pessoas têm, para, então, responder às questões a partir do texto, com sabedoria, clareza e sensibilidade. O que torna este livro tão empolgante é sua convicção de que Deus é bom e de que as mulheres podem confiar que viver por sua palavra é algo belo e voltado ao nosso bem."

Carrie Sandom, Diretora do Ministério de Mulheres, The Proclamation Trust, Londres.

"Neste livro, encontramos uma escritora bem preparada para caminhar pelo mundo interior das mulheres piedosas que carecem de boas respostas. Ao ler, tive um senso de que a voz de Kathleen Nielson encorajará, ajudará e dará apoio a mulheres cristãs que pensam que a bondade de Deus escapou delas."

David Helm, Pastor titular, Holy Trinity Church, Hyde Park, Chicago; Diretor, The Simeon Trust

O QUE DEUS DIZ SOBRE AS MULHERES

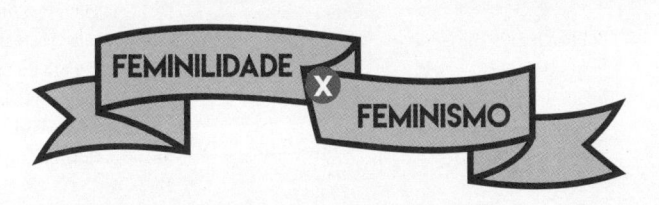

FEMINILIDADE x FEMINISMO

N669q Nielson, Kathleen Buswell
       O que Deus diz sobre as mulheres : feminilidade x feminismo / Kathleen Nielson ; [tradução: Elizabeth Gomes]. – São José dos Campos, SP: Fiel, 2018.

       249 p.
       Tradução de: Women and God : hard questions, beautiful truth.
       Inclui referências bibliográficas.
       ISBN 9788581325651

       1. Mulheres na Bíblia. 2. Bíblia e feminismo. 3. Bíblia – Crítica, interpretação, etc. I. Título.

       CDD: 220.83054

Catalogação na publicação: Mariana C. de Melo Pedrosa – CRB07/6477

O que Deus diz sobre as mulheres: feminilidade x feminismo

Traduzido do original em inglês
Women & God. Hard Questions, Beautiful Truth
Copyright © 2018 por Kathleen Nielson

■

Publicado por The Good Book Company Limited
Blenheim House, 1 Blenheim Road
Epsom, Surrey KT19 9AP
UNITED KINGDOM

■

Copyright © 2018 Editora Fiel
Primeira edição em português: 2018

Todos os direitos em língua portuguesa reservados por Editora Fiel da Missão Evangélica Literária
Proibida a reprodução deste livro por quaisquer meios, sem a permissão escrita dos editores, salvo em breves citações, com indicação da fonte.

■

Diretor: Tiago J. Santos Filho
Editor-chefe: Tiago J. Santos Filho
Editora: Renata do Espírito Santo
Coordenação editorial: Gisele Lemes
Tradução: Elizabeth Gomes
Revisão: Shirley Lima – Papiro Soluções Textuais
Diagramação: Larissa Nunes Ferreira
Capa: Larissa Nunes Ferreira

ISBN: 978-85-8132-565-1

FIEL Editora
Caixa Postal, 1601
CEP 12230-971
São José dos Campos-SP
PABX.: (12) 3919-9999
www.editorafiel.com.br

À MINHA MÃE.
UMA DAS MULHERES SANTAS
QUE ESPERAM EM DEUS.
(1PEDRO 3.5-6)

SUMÁRIO

INTRODUÇÃO - 13

1 **COMO CHEGAMOS ATÉ AQUI - 21**
 • GÊNESIS 1

2 **SEGUNDO LUGAR? - 39**
 • GÊNESIS 2

3 **MULHERES CAÍDAS - 59**
 • GÊNESIS 3

4 **OS LUGARES MAIS SOMBRIOS - 79**
 • DEUTERONÔMIO 21; JUÍZES 11, 19

5 **MULHERES FORTES - 101**
 • JUÍZES 4-5

6 **MULHERES, SEXO E UMA QUESTÃO DE PADRÕES DUPLOS - 121**
 • DEUTERONÔMIO 22; OSEIAS 1-3; JOÃO 7.53-8.11

7 **O CORPO FEMININO - 141**
 • SALMOS 139; 1SAMUEL 1-2; LUCAS 1

8 **UM HOMEM COMO NENHUM OUTRO - 163**
 • OS EVANGELHOS

9 **MULHERES E CASAMENTO - 181**
 • EFÉSIOS 5.21-33; 1CORÍNTIOS 11.3-12

10 **MULHERES E A IGREJA - 205**
 • 1CORÍNTIOS 11, 14; 1TIMÓTEO 2.11-15; TITO 2.3-5; ROMANOS 16

11 **A BONDADE DE DEUS - 227**
 • 1TIMÓTEO 2.9-15; 1PEDRO 3.1-6

AGRADECIMENTOS - 247

INTRODUÇÃO

Um título proposto logo no início para este livro era: *Deus é sexista?* Votei contra essa ideia — primeiro, porque eu não estava certa se Deus a aprovaria (embora, de antemão, ele já soubesse qual seria a minha resposta); e segundo, porque pareceria algo previamente ajustado. Obviamente, a resposta seria "Não".

Mas é bom admitir essa questão, pois atinge o cerne deste livro, indagando como o Deus em que os cristãos creem vê as mulheres, e fala sobre o medo de que talvez ele não as veja de um modo totalmente positivo. É possível que as vozes ao nosso redor alimentem temores dessa natureza. Com frequência, o discurso coletivo lança o cristianismo na categoria geral de "religiões" no que se refere aos debates sobre *sexismo* — ou seja, atitudes ou tratamentos injustos baseados no sexo biológico do indivíduo. Em um artigo de blog do *Huffington Post* que condenava o sexismo em relação às mulheres, o primeiro tópico na lista de culpados é "sexismo e discriminação religiosa".[1] A autora cita o "silenciamento ritualizado das mulheres", praticado por "todas as principais religiões, que, com pouquíssimas exceções, proíbem as meninas e mulheres da liderança ministerial". E, de acordo com a escritora desse blog, qual é a consequência disso? "O acesso ao divino é mediado exclusivamente pelos homens e por suas falas", enquanto as mulheres, desde a mais tenra idade, aprendem que suas vozes "não são respeitadas e estão desprovidas de poder".

Este livro não é uma resposta às vozes do mundo. Talvez você seja seguidora de Jesus Cristo — ou talvez gostaria de ser. Este livro fala a você e a qualquer um que deseje examinar com mais profundidade as palavras do próprio Deus a respeito dos seres humanos femininos que ele criou. As vozes ao nosso redor podem ser perturbadoras. Os blogs podem gritar bem alto. Muitas pessoas que creem em Jesus, ou que gostariam de crer nele, lutam para segurar essa crença ao lado daquilo que ouvem que a Bíblia fala sobre as

---

1 Soraya Chemaly, "10 Everyday Sexisms and What We Can Do About Them". Disponível em http://bit.ly/1tTRNhh. Postado em 31 jul. 2014. Acesso em 26 set. 2017.

INTRODUÇÃO

mulheres; muitas coisas negativas são ouvidas. As pessoas leem muitos livros sobre o que a Bíblia diz a respeito das mulheres — e eu hesitei em acrescentar meu livro a essa lista! Mas, como disse o sábio escritor de Eclesiastes, "(...) não há limite para fazer livros" (Ec 12.12).

De uma forma ou de outra, muitas mulheres que conheço estão falando sobre essa questão. Precisamos conversar a esse respeito. O assunto sobre mulheres e Deus não é apenas teoricamente crucial; é pessoalmente crucial, tanto para mulheres como para homens. Eu convivo com isso o tempo todo, em particular e em grupo — na vida da minha família e da minha igreja, em meu ministério como professora da Bíblia e, regularmente, em conversas com outras mulheres:

- O que significa para mim o fato de todo ser humano ter sido criado à imagem de Deus?
- Como devo processar essas passagens do Antigo Testamento em que as mulheres são tão maltratadas?
- Por que devo ou não devo lecionar nessa classe na igreja, ou fazer esse estudo?
- Como lidar com a acusação de que ensinar submissão conduz ao abuso de mulheres?
- O que a fé tem a ver com meu desejo de ter filhos ou de perder meus filhos?
- Deus é sexista?

Este livro não traz todas as perguntas ou respostas possíveis; procura apenas abordar algumas das mais difíceis, dizendo-nos para escutar com atenção a voz de Deus.

Por "Deus", refiro-me ao Deus da Bíblia, aquele que revela a si mesmo por meio dos 66 livros do Antigo e do Novo Testamentos. Se for verdade o que a Bíblia diz — que Deus fez o mundo, e que veio ao mundo para restaurá-lo —, então nada mais no universo é mais importante do que conhecer a Deus. E todas as perguntas e respostas começam por ele.

É muito importante abordar as questões relacionadas a gênero, porém a primeira e mais importante pergunta deve ser sobre o próprio Deus: o que dizer sobre o Deus que nos fez, em relação a essas questões? Ao considerarmos essa indagação, assumo que a Bíblia é verdadeira. Parto do princípio de que as Escrituras do Antigo e do Novo Testamentos são o que dizem ser: a palavra inspirada por Deus para o mundo, absolutamente confiável e plenamente suficiente para tudo aquilo em que cremos e o que fazemos (2Tm 3.14-17).

Se você não partilha esses pressupostos comigo, eu a convido a continuar lendo, como uma visitante bem-vinda à perspectiva bíblica. Espero que você encontre nas Escrituras beleza e força ímpar. Mas, se você já conta com esses pressupostos, convido-a a ouvir novamente a Palavra de Deus, como eu mesma procurei fazer, pedindo que o Senhor, por seu Espírito, ajude você a ouvir sua voz com clareza. Se seu tempo estiver limitado e você tiver de escolher

INTRODUÇÃO

entre ler este livro ou ler a Bíblia, escolha a Bíblia. Leia do começo ao fim. Leia e estude-a com o povo de Deus. Absorva essas palavras que dão vida. São "palavras de deleite" e "palavras de verdade dadas pelo único Pastor", como afirma o escritor sábio de Eclesiastes. Ele ainda acrescenta uma advertência: para que se tenha cuidado com qualquer coisa que vá além delas (Ec 12.10-12).

Com essa advertência em vista, nosso método consiste em ouvir atentamente a Palavra de Deus, por meio de uma série-chave de passagens bíblicas relacionadas explicitamente às mulheres. Quisera eu ter tempo para desenvolver mais completamente essas passagens, mas, aqui, nosso alvo é ouvi-las bem em seu contexto e, por meio delas, discernir o coração e a mente de Deus especificamente em relação às mulheres. Vamos nos mover pela Bíblia do começo ao fim, pois as Escrituras contam uma história unificada, e nós não podemos entender parte alguma sem prestar atenção ao todo.

Ao nos aproximar de cada passagem em seu contexto imediato, inevitavelmente teremos de dar alguns saltos de uma parte das Escrituras para outra — especialmente do Antigo Testamento para o Novo Testamento. A história da Bíblia, que é uma só, fala de Deus redimindo um povo para si por meio de seu Filho, o Senhor Jesus Cristo. Qualquer pergunta sobre a relação de Deus com as pessoas que ele criou é uma questão que, desde o início, envolve plenamente o Filho de Deus.

Ao progredirmos, todos nós ainda enxergamos de forma obscura. Estamos a caminho de ver Jesus face a face, mas ainda não chegamos lá. Espero que este livro a encoraje — mesmo que você não concorde com tudo aquilo que eu digo — a cavar mais fundo a Palavra de Deus. Trabalhar nisso certamente me desafiou a agir assim. Sou imensamente grata pelas muitas pessoas e os muitos líderes sábios que me encorajaram a aprender e me desafiaram a me esforçar ao máximo em meu estudo. Não podemos nos satisfazer com convicções de segunda mão, repetindo um sistema de valores ou de regras que vêm de qualquer lado. Isso não convencerá ninguém — nem mesmo a nós. A Palavra de Deus é viva e ativa e, por meio dela, o Espírito de Deus abre nossos olhos e corações; assim, aos poucos, ela nos transforma segundo a imagem de Cristo.

Não é necessário que eu diga que estou determinada a demonstrar a bondade do Deus que nos criou — especificamente sua bondade com as portadoras femininas de sua imagem. Este livro não trata simplesmente de apresentar a verdade, mas também de procurar mostrar como é boa essa verdade, e que ela pode, portanto, ser acolhida e apreciada, e não apenas aceita. Cheguei à conclusão — e espero que você também chegue — de que, quando nos debatemos com as questões mais difíceis sobre Deus e as mulheres, descobrimos belas verdades. Oro para que, quando você tiver terminado esta leitura, esteja amando a Deus e agradecendo a ele pelo modo como nos criou como seres humanos, ho-

INTRODUÇÃO

mens e mulheres. Oro para que você esteja mais disposta a falar com clareza, compaixão, ajudando outras pessoas que tenham perguntas sobre as mulheres em relação a Deus — pessoas que talvez tenham perspectivas diferentes, ou que tenham questionamentos acerca do ensino das Escrituras, ou ainda que estejam lutando para confiar em Deus em meio a circunstâncias dolorosas. Eu também vou orar para que você se empolgue mais com a bondade da Palavra de Deus e do Salvador, que está em seu cerne.

1 COMO CHEGAMOS ATÉ AQUI

Antes de perguntarmos sobre o que fazer quanto ao ponto em que nos encontramos, temos de indagar como chegamos até aqui. O passado faz a diferença.

Se existe um Deus que criou a nós, seres humanos, então nosso relacionamento com esse Deus deve ser a coisa mais importante do universo. E, se esse Deus nos criou como homens e mulheres, precisamos perguntar o que nosso Criador pensa a respeito dessas criaturas masculinas e femininas que fez. Essa é uma questão urgente. As vozes ao nosso redor falam de questões de gênero, sexo e sexismo; em meio a um turbilhão de opiniões, precisamos saber como Deus nos vê como homens e mulheres. Mas nós precisamos de mais. Precisamos ouvir a Deus, que nos fala pessoalmente, a nós seres humanos, por ele criados, a quem ele ama e conhece, até cada fio de cabelo e cada órgão do corpo. Temos necessidade de responder a ele. Este livro não é sobre teoria; é sobre como vivemos, pois fala de quem nós somos.

Enquanto perguntamos o que Deus diz especificamente sobre as mulheres na Bíblia, é importante lembrar que a maior parte da Escritura não é a respeito das mulheres; a Bíblia fala sobre o Deus que fez mulheres e homens, salvando-os por intermédio de seu Filho. Os salmos e as orações da Bíblia não são específicos a um gênero; todo ser humano clama a Deus em louvor, lamento ou adoração. A maioria dos mandamentos e das promessas de Deus não é específica a um gênero; todos nós somos chamados a amar a Deus, a crer em seu Filho e a confiar, por meio de seu Espírito Santo em nós, no poder do Cristo ressurreto. No entanto, existe uma realidade distinta de masculinidade e feminilidade que aparece no início da Bíblia e opera diretamente até o final. Por quê? O que isso significa?

Essas questões são difíceis e, algumas vezes, até mesmo dolorosas, porque nós sentimos um temor compreensível de que estabelecer distinção prejudique as mulheres. Eu escrevo, e você lê, em um mundo no qual as mulheres têm sido (e ainda são) prejudicadas pelos homens. Basta olhar para a história da humanidade, inclusive para a história da Igreja, para encontrar modelos de mulheres que são tratadas de forma injusta e sem amor. Trabalhamos arduamente para nos distanciar dos preconceitos passados — ou seja, do prejulgamento sobre as mulheres, não baseados na realidade e que foram usados para impedir e ferir profundamente metade da raça humana.

Por causa do preconceito, não se permitia às mulheres ter propriedades ou participar de eleições; as pessoas prejulgavam que as mulheres, como uma categoria, ou não seriam inteligentes o bastante ou não teriam valor suficiente para responsabilidades dessa natureza. Em algumas culturas de hoje, nas áreas da política e da educação, as mulheres não contam com os mesmos privilégios dispensados aos homens; as meninas e as mulheres são prejulgadas como inferiores e incapazes. Nas culturas que avançaram para além dessas desigualdades explícitas, ainda permanecem os preconceitos. Tomando apenas um exemplo, um professor perguntou a uma amiga minha que está em processo de concluir uma pós-graduação se todo aquele trabalho valeria a pena, considerando o mercado de trabalho e o fato de que provavelmente ela teria filhos e criaria uma família no futuro. No mundo inteiro, a humanidade ainda combate os efeitos arraigados dos preconceitos dos séculos passados.

A fim de combater a cultura do preconceito, instintivamente procuramos seguir adiante, deixando para trás práticas e juízos equivocados. Porém, é bastante comum que a Bíblia faça parte do que se deixa para trás. O Antigo Testamento, em especial, está recheado de histórias que nos lembram mulheres que não são bem tratadas e são desvalorizadas. Parece que o Novo Testamento contém instruções segundo as quais as mulheres são tratadas de forma preconceituosa. Os antigos preconceitos têm de acabar, afirma-se, para que venha a nova igualdade.

Mas eis a ironia: para progredir na história da humanidade, temos de voltar ao começo e encontrar o caminho. E, para saber o que fazer no ponto em que estamos e para onde devemos ir, temos de descobrir como chegamos até aqui. E se o problema não for o fato de as pessoas se agarrarem a juízos antigos demais, mas, sim, o de estarem apegadas a juízos que *não são suficientemente antigos*?

O passado remoto faz toda a diferença. De fato, os capítulos iniciais da Bíblia nos contam que, hoje, todas as coisas e todas as pessoas são prejulgadas — mas não por um ser humano e não de uma forma que oprime, mas que abençoa. Para entendermos isso melhor, temos de voltar ao início e ao único que é perfeitamente capaz de julgar qualquer coisa e qualquer pessoa. Temos de nos voltar ao Deus que fez tudo, inclusive a nós. Para falar sobre a criação da humanidade, é comum darmos um *zoom* direto em Gênesis 1.27. Na verdade, é para esse versículo que temos de ir: "Criou Deus, pois, o homem à sua imagem, à imagem de Deus o criou; homem e mulher os criou."[1]

Vamos primeiro nos deleitar no grandioso capítulo de abertura da Bíblia. Aqui estão as raízes de nossa história.

---

[1] Extraído da Almeida Revista e Atualizada. A menos que sejam apontadas ao longo do texto, as demais citações seguem a mesma versão.

Aqui está o princípio das respostas àquilo que ansiamos por conhecer: de onde viemos, quem somos e como nos encaixamos nesse rodopio do fluxo da vida no qual somos tragados. Esse é o aparador frontal da história toda e, se não o colocarmos em seu devido lugar, não conseguiremos extrair sentido de nossa parte em tudo isso.

Criação com distinção

Lembro-me vagamente de estudar mitose no ensino médio, embora talvez hoje eu tivesse de consultar um vídeo no YouTube para refrescar a memória acerca desse processo, no qual uma célula se divide em duas.[2] A primeira massa de moléculas de DNA da célula se divide e se alinha em dois fios de cromossomos pareados, que, então, são puxados e divididos por dois conjuntos opostos de microtúbulos de aparência peluda. Com o que, agora, são dois conjuntos de matéria celular, a célula original finalmente se divide, formando duas células inteiramente novas — algo surpreendente!

Ler o primeiro capítulo da Bíblia é como assistir ao drama da mitose em larga escala. O mais surpreendente é que todo o processo da nova vida que emerge, tanto no nível microcelular como no nível macrocelular de Gênesis 1, consiste, sistematicamente, em separação e distinção. Em 31 versículos, o primeiro capítulo da Bíblia nos leva de um

---

2 Disponível em youtube.com/watch?v=C6hn3sA0ip0. Acesso em 26 set. 2017.

estágio inicial de trevas e amorfo a uma série soberanamente ordenada de criações e divisões: primeiro, luz, separada das trevas (vv. 3-5); em seguida, o céu, separado das águas ao seu redor (vv. 6-8); depois a terra, separada dos mares (vv. 9-10).

E toda essa divisão não se passa num silêncio assustador ou com algum narrador sem nome, como no vídeo do YouTube que refrescou a minha memória... Tudo se passa enquanto o Criador Deus faz acontecer; ele é o ponto de partida de toda a história: "No princípio, criou Deus os céus e a terra" (Gn 1.1). Sua palavra é a ação; não dá para perder de vista a insistente repetição de "Disse Deus", ou "E disse Deus", ou "Disse também Deus" (vv. 3, 6, 9, 11, 14, 20, 24, 26, 28, 29). Suas palavras não apenas narram; elas criam.

Por meio de sua palavra, as distinções ordenadas prosseguem, enquanto o Criador vai preenchendo os lugares que criou. Primeiro, as plantas e as árvores enchem a terra, três vezes cuidadosamente descritas como tendo sementes e frutos, cada qual conforme sua espécie (vv. 11-13). A ordem é insistente e bela. Em seguida, o sol, a lua e as estrelas enchem o céu, com os dois grandes luzeiros não somente separando o dia e a noite, como também "governando" em suas esferas distintas: a luz maior governando o dia; a luz menor, junto com as estrelas, governando a noite (vv. 14-19). Em seguida, começa o preenchimento do mar, do céu e da terra com seres vivos, todos em seus devidos lugares e sete vezes diferenciados conforme suas próprias espécies (vv. 20-25).

Aqui no início da Bíblia, antes de conhecermos nosso próprio começo, somos apresentados a Deus. Ele é a única fonte da vida. Tudo vem dele, tudo é ordenado por ele — cada parte distinta do universo, em seu devido lugar, projetada conforme sua palavra. A partir do Deus Criador, derrama-se esse maravilhoso modelo de vida e de bênçãos. Desde o início, Deus é assim. Quando chegamos ao final da Bíblia e temos um vislumbre do trono de Deus no céu, é esse Deus glorioso da criação que todos em volta do trono louvam: "Tu és digno, Senhor e Deus nosso, de receber a glória, a honra e o poder, porque todas as coisas tu criaste, sim, por causa da tua vontade vieram a existir e foram criadas" (Ap 4.11).

O clímax da Criação

Deus não somente cria, separa e preenche; ele também julga. Repetidas vezes na narrativa, ele para, olha e dá seu veredicto, dizendo que aquilo que ele fez é "bom" (Gn 1.4, 10, 12, 18, 21, 25). Sua palavra criou e deu forma perfeita à sua criação, em um modelo soberanamente ordenado, que conduz, de forma lógica e bela, à peça final — o ápice ou o clímax da criação. Cada novo passo da criação começa com uma ordem de Deus — desde "Haja luz" (v. 3) até "Produza a terra seres viventes" (v. 24). Esse modelo culmina com uma distinção no versículo 26, pois agora Deus

diz: "Façamos o homem à nossa imagem, conforme a nossa semelhança".
Esse passo final na criação é o mesmo, mas, simultaneamente, diferente. Mais uma vez, ouvimos um imperativo, mas dessa vez é "Façamos" (v. 26). Muitos comentaristas creem que o "nós" dá uma pista precoce da Trindade: um Deus em três Pessoas, tendo uma conversa com ele mesmo. O Espírito de Deus foi apresentado no versículo 2: "e o Espírito de Deus pairava por sobre as águas". E o Novo Testamento deixa claro que "no princípio" "o Verbo estava com Deus" — o Verbo que "estava com Deus, e [que] era Deus", e que um dia, na história humana, viria a se tornar carne: Jesus, o Filho de Deus (Jo 1.1, 14, 17).

É esse Deus em três pessoas — Pai, Filho e Espírito — que diz: "Façamos o homem à nossa imagem". O fato principal e totalmente singular quanto à criação da humanidade, declarado três vezes em Gênesis 1.26-27, é que Deus criou o homem à sua própria imagem. O que isso quer dizer? Gênesis 1 nos mostra pelo menos duas respostas iniciais a essa pergunta.

Primeiro, ser criado à imagem de Deus parece envolver sua autoridade, seu governo sobre a criação. Vimos Deus criando os mares, as plantas e os planetas, dizendo-lhes onde deveriam ficar e o que deveriam fazer: Deus governa sua criação. Mas Deus também espalha seu governo por essa criação — conforme vimos com o sol e a lua, "para governarem o dia e a noite" (v. 18). As palavras de Deus "Façamos o homem à nossa imagem" estão ligadas, de forma lógica, a seu propósito declarado de que a humanidade governaria ou teria o "domínio" sobre as demais criaturas (v. 26). A primeira fala de Deus documentada para suas recém-criadas criaturas humanas inclui um mandato não somente de encher a terra, como também de sujeitá-la: "dominai sobre os peixes do mar, sobre as aves dos céus e sobre todo animal que rasteja pela terra" (v. 28). Assim, os seres humanos, feitos à imagem de Deus, não devem dominar como Deus, mas dominar como representantes de Deus, com sua autoridade delegada: *devem governar como ele*. São distintos do restante da criação, criados para administrar e governar juntamente com ele.

Da mesma forma que os lavradores imaginam o melhor meio de cultivar a terra para torná-la fértil e frutífera, produzindo colheitas abundantes ano após ano, a humanidade segue a imagem de Deus ao governar sobre sua criação. Quando os cientistas calculam os compostos químicos da penicilina e outros medicamentos que preservam a vida, a humanidade está seguindo a imagem de Deus governando sobre sua criação. Quando os membros de um coral juntam suas vozes para criar algo belo com palavras e melodia, seguem, juntos, a imagem de Deus, seu Criador. Sempre que uma família desenvolve e cultiva ordem e harmonia no pedacinho de espaço em que vive neste planeta, está cultivando a imagem de Deus no governo de sua criação. (Tenho compartilhado essa verdade em relação ao espaço em que vivem, como, por exemplo, seus quartos, com meninos adolescentes; algumas vezes, isso realmente ajuda.)

 Tudo isso leva diretamente ao segundo ponto: ser feito à imagem de Deus parece envolver o ato de refletir sua natureza relacional, o "nós" do nosso Deus em três pessoas. Leia novamente o versículo 27: "Criou Deus, pois, o homem à sua imagem, à imagem de Deus o criou; homem e mulher os criou". Essas não são afirmativas que não tenham relação entre si. Tampouco Deus estaria sendo repetitivo. O que vemos são unidades paralelas que expandem o significado de uma única coisa, como a poesia hebraica costuma fazer. O significado cresce diante de nossos olhos nessas palavras vivas e ativas. Nessas linhas, há diversas ênfases que emergem e envolvem a palavra "criou", a qual aparece em cada frase e alinhava o texto.

 A primeira frase destaca "Criou Deus". Foi ele quem fez. Esse é o fato fundamental. A segunda frase repete e enfatiza "à imagem de Deus". Na tradução da NVI da língua inglesa, essa segunda frase termina com o pronome "os"; o que já sugere que essa humanidade, criada à imagem de Deus, envolve mais de uma pessoa. A ARA bem como a ESV (English Standard Version) trazem o pronome no singular: "à imagem de Deus *o* criou" (ênfase da autora). Estudiosos discordam sobre qual seria a tradução mais fiel. Em qualquer um dos casos, a terceira frase revela, de maneira completa e culminante, o significado: a humanidade que Deus criou à sua imagem consiste de "homem e mulher".

Assim, outra distinção está sendo feita, a qual, segundo o modelo de divisões e distinções de todo o capítulo, não nos deveria surpreender. Nessas três frases, o termo "homem" cresce nitidamente e se separa em duas formas distintas: homem e mulher. Por meio desse processo de conexão lógica, é-nos mostrado que, em nossa criação como homens e mulheres, nós, seres humanos, refletimos a imagem de Deus. E, assim como Deus chama a si mesmo de "nós", deixando implícita uma natureza internamente relacional, nós também, seres humanos, como homens ou mulheres, mostramos a imagem de Deus em nós na medida em que nos relacionamos tanto com ele como uns com os outros, no processo de governar juntos sobre a criação.

O restante da Bíblia (e deste livro) revela o desenvolvimento desse processo, quando homens e mulheres, juntos, trabalham para criar e sustentar a vida em unidades sociais construídas por famílias, com maridos e esposas, pais e mães, filhos e filhas. O desenrolar máximo ocorre na família da igreja, conforme demonstra o Novo Testamento. Mas, até mesmo no capítulo seguinte de Gênesis, vemos um vislumbre do que significa governar junto. Aqui, o ponto primário e fundamental é que o governo da humanidade, ao demonstrar a imagem de Deus, envolve a interação de dois sexos distintos: homem e mulher. Assim, a aplicação primária e fundamental é que, de todo o coração, devemos acolher essa distinção dos sexos como um presente bom de Deus, nosso Criador. Não é raro ouvir as pessoas falando como se a nossa criação, como homem e mulher, fosse algo separado e até mesmo secundário em importância em relação ao fato de termos sido criados à imagem de Deus. Mas, conforme nos diz a Bíblia, essas verdades são inseparáveis. O seu gênero (sua identidade como homem ou mulher) é parte significativa de sua criação como ser humano criado à imagem de Deus.

A fala de Deus a esse primeiro homem e a essa primeira mulher, mesmo antes de lhes dizer para sujeitar e governar, é um chamado para que sejam frutíferos, multipliquem e encham a terra (v. 28). É claro que Deus também chamou os seres viventes para ser frutíferos e se multiplicar — mas o fez sem menção sobre seus diferentes sexos (v. 22). Somente para os seres humanos o aspecto do gênero é declarado — e é declarado no contexto de eles serem portadores da imagem de Deus. Embora isso claramente signifique que, conforme Deus o fez, nosso corpo físico é bom, o fato de termos sido criados como homens ou mulheres envolve mais do que apenas a configuração biológica ou a capacidade de produzir filhos. Nós, humanos, somos como os animais de muitas formas — feitos do pó, feitos para reproduzir —, mas, ao mesmo tempo, somos diferentes; nós fomos feitos à imagem de Deus.

O bom julgamento de Deus

Conforme conclui Gênesis 1, Deus abençoa o primeiro homem e a primeira mulher (v. 28). Não apenas os chama para ser frutíferos e multiplicar, sujeitar e governar; ele também lhes deu por alimento "todas as ervas que dão semente e se acham na superfície de toda a terra e todas as árvores em que há fruto que dê semente; isso vos será para mantimento" (v. 29). A primeira interação entre Deus e os seres humanos não é severa nem cheia de distinções maldosas, mas generosa, transbordando de provisões abundantes, que vêm de um Criador bom e benevolente.

Finalmente, quando Deus termina sua obra criadora, lemos sobre o julgamento geral de Deus: "e eis que era muito bom" (v. 31). Esse é o julgamento original, pelo Deus Criador, que completou a etapa culminante de criar o homem e a mulher à sua própria semelhança. Este é o prejulgamento fundamental de todos os seres humanos: nossa criação por Deus, à sua imagem, como homens e mulheres, é muito boa.

O que Gênesis 1 mostra sobre os seres humanos em relação a seu Criador? Fica claro que todos os seres humanos, homens e mulheres, são criados igualmente por Deus à sua imagem. Os humanos são criados para governar juntos a criação, mostrando o bom governo de seu Criador. Nossa vida como homens e mulheres em um relacionamento tem o propósito de demonstrar a própria imagem de Deus em nós. Fantástico! Isso soa como um chamado muito alto, um chamado realmente muito bom. Em nenhum outro lugar a pessoa encontra maior dignidade do que no fato de ter sido criada à imagem de nosso Deus Criador. Esse é nosso ponto de partida como humanos, e jamais devemos deixar de nos maravilhar com isso ou de aceitar essa verdade quando perpassamos a história, na Bíblia, de como Deus trata sua criação. É uma história cujos personagens são tão valorizados por Deus que foram feitos à sua própria imagem, homens e mulheres. No final das contas, é a história de um Deus tão magnífico e tão bom que criou tudo — e criou homem e mulher como o clímax de tudo isso, à sua própria imagem.

Recebendo o bom propósito do gênero

Gênesis 1 (e o restante das Escrituras) nos diz que o gênero humano não é arbitrário, ou autodeterminado, ou uma parte socialmente determinada de nossa identidade; é a nossa identidade como homens ou como mulheres, conforme o bom desígnio de Deus acerca de nosso sexo biológico. As vozes da mídia — na verdade, todas as vozes que nos cercam — insistem, contudo, que devemos deixar que as pessoas descubram e escolham o gênero em que se sentem mais confortáveis, não importando seu sexo biológico. A "identidade de gênero" tem-se tornado uma questão muito volátil e politizada. A Wikipédia — máquina da mídia social de definições atuais e cooperativas — define a identidade de gênero como "a experiência pessoal do próprio gênero". Parece que gênero mudou para algo que é definido por cada pessoa em seu interior, em vez de ser um dom dado por um

Deus que criou e governa o universo.³

Um dos primeiros e mais evidentes fatos que nós, humanos, descobrimos sobre uma criança, ao nascer, é se é menino ou menina. Na verdade, existem raras exceções que envolvem algumas combinações incomuns de cromossomos, hormônios ou partes do corpo que tornam ambígua a determinação do sexo; em casos tais, a ambiguidade imediata quanto à definição do sexo destaca a primazia da determinação do sexo. Os que experimentam a condição de "intersexualidade" são, como todos os seres humanos, criados à imagem de Deus, enquanto sofrem esse efeito específico da queda (vamos falar da queda e examinar seus efeitos sobre a raça humana e o mundo no Capítulo 3). O ponto, aqui, é que, quando exclamamos, "É menino!" ou "É menina!", não estamos impondo distinções sexistas, arbitrárias ou autoritárias sobre uma vida humana; estamos recebendo e celebrando a verdade de que foi assim que Deus nos fez, à sua imagem, homem e mulher. Hoje em dia, soa radical afirmar o ensino da Bíblia de que os gêneros masculino ou feminino foram uma boa ideia de Deus, instituída como parte

---

3   A questão da identidade de gênero é ampla e, aqui, não temos espaço para examinar todas as suas nuanças e implicações para a Igreja. Um recurso bíblico que ajuda muito é o livro de Andrew Walker, *God and the Transgender Debate* (The Good Book Company, 2017). Rosaria Butterfield também aborda, de forma bastante útil, as questões contemporâneas relacionadas à identidade sexual e de gênero, sob a perspectiva bíblica e histórica. Em *Pensamentos secretos de uma convertida improvável* (Brasília: Editora Monergismo, 2016), Butterfield, cuidadosamente (e de um modo muito bonito), desenvolve afirmativas como: "Ao definir a humanidade de acordo com os desejos sexuais e segregá-la conforme seu objeto de gênero, Freud estava — intencionalmente ou não — suprimindo a categoria bíblica de termos sido criados à imagem de Deus, homem e mulher, substituindo-a pela categoria psicanalítica de identidade sexual".

de sua ordenação soberana da criação, a fim de mostrar sua própria imagem nas pessoas que criou. Mas a verdade da Bíblia nos alcança, no fim, não como uma corrente para nos prender, mas como uma luz que aponta o caminho quando estamos no escuro, tateando, buscando encontrar nosso caminho.

Para uma menininha que luta para entender quem ela é, quão maravilhoso e, em última análise, quão compassivo é ensinar-lhe que ela tem um Criador que a ama, alguém que desenhou seu corpo feminino com propósito e perfeição, e que, de fato, espera que ela viva sua feminilidade de modo a exibir esse Criador. Isso não significa que ela, como todas nós, não vá lutar para caminhar na luz da verdade, conforme os próximos capítulos de Gênesis explanarão. Isso quer dizer apenas que houve luz, e que essa luz é boa.

Em um jantar ao qual compareci recentemente, o assunto em pauta era a notícia de um bebê recém-nascido cujos pais recusaram-se a atribuir o sexo em sua certidão de nascimento, para que a criança tivesse a oportunidade de crescer e escolher sua própria identidade de gênero. Esses pais queriam demonstrar compaixão por essa criança, conforme a sabedoria do mundo que nos cerca. À luz da Palavra de Deus, a providência mais compassiva seria celebrar a criação dessa criança como homem ou mulher.

Não vivemos na espécie de mundo descrita por Gênesis 1, nem na cultura existente quando essas palavras foram inicialmente escritas. Mas sabemos que Deus espera que a humanidade continue a viver conforme sua ordem na Criação, não importando nosso tempo ou nosso lugar na história. É óbvio que Jesus pensava assim. Durante seu ministério terreno, perguntaram a Jesus sobre o divórcio. Ele começou a dar sua resposta referindo-se a Gênesis 1.27 e deixando bem claro que esta palavra, desde o início, era normativa para todas as pessoas em todos os tempos: "Não tendes lido que, desde o princípio, o Criador os fez homem e mulher?" (Mt 19.4; veja também Mc 10.6-9). Se não começarmos aqui, "no princípio", em Gênesis, nunca saberemos como chegamos onde estamos — e, com certeza, não encontraremos o caminho para seguir adiante.

O próximo capítulo de Gênesis nos diz muito mais a respeito desse primeiro homem e dessa primeira mulher, e nós continuaremos a fazer perguntas (ainda mais difíceis) sobre o modo de Deus fazer distinção entre eles. No entanto, é crucial, em primeiro lugar, ver esse par aqui de pé, diante de Deus, em Gênesis 1, ambos criados à sua imagem, recebendo suas bênçãos, ouvindo juntos sua voz, os dois iguais e, ao mesmo tempo, distintos. Nada que se seguirá no desenrolar das distinções entre eles, em qualquer parte da Bíblia, contradiz essa revelação fundamental dos idênticos valor e glória dos homens e das mulheres feitos à imagem de seu Deus Criador. Mesmo quando nos opomos corretamente e lutamos para vencer uma multidão de antigos preconceitos, eis que nos deparamos com o mais antigo e maravilhoso: o julgamento de Deus, desde o princípio, de que a sua criação, ao nos incluir como homens e mulheres feitos à imagem de nosso Criador, é muito boa. Podemos e devemos compartilhar para sempre esse "preconceito" de Deus de que ser mulher, como também de que ser homem, é algo muito bom.

2 SEGUNDO LUGAR?

Odeio, com todas as minhas forças, quando chego ao fim de uma conversa realmente boa. Às vezes, nas festas de fim de ano, quando nossa família mais extensa se reúne, eu acordo num horário razoavelmente cedo e desço para tomar café. Então, encontro meu marido e meus filhos, na companhia de meus netos, já acordados desde as cinco da manhã, cobrindo um mundo inteiro de assuntos antes de o sol e eu estarmos despertos. Não posso pedir que eles repitam tudo que já falaram. Simplesmente eu não estava lá!

Será que você, como eu, já teve a experiência de errar no horário de um almoço e chegar depois das apresentações, dos salgadinhos e dos petiscos, com o primeiro prato já servido? Não se pode pedir que comecem a servir tudo de novo. Você simplesmente perdeu.

Algumas vezes, sinto isso em relação a Eva quando leio Gênesis 2, porque, na primeira metade da criação, ela simplesmente não estava lá. Pense no que Eva perdeu. Não estava lá quando Deus deu forma ao primeiro homem a partir do pó da terra e soprou em suas narinas o fôlego de vida (2.7). Ela perde a primeira vista de tirar o fôlego, do jardim plantado pelo próprio Senhor Deus — um jardim exuberante, repleto de todas as diferentes espécies de árvores agradáveis aos olhos e de frutos bons para comer, tendo, no centro, a árvore da vida e a árvore do conhecimento do bem e do mal, bem como o rio que regava o jardim e fluía para os quatro rios detalhadamente descritos... as palavras pintam um quadro fascinante!

A mulher, porém, ainda não está nesse quadro; Deus coloca em primeiro lugar o homem no jardim, a fim de lavrar e cuidar dele. Com maior dramaticidade ainda, Eva não ouve a voz de Deus nesse cenário quando ele fala diretamente apenas ao homem, dizendo-lhe que é livre para comer de qualquer árvore do jardim, exceto de uma: a árvore do conhecimento do bem e do mal: "porque, no dia em que dela comeres, certamente morrerás" (2.17).

Eva perdeu todas essas coisas. Em Gênesis 1, o homem e a mulher aparecem juntos, criados igualmente à imagem de Deus e chamados para exercer o domínio sobre a criação. Agora, estamos vendo que Deus fez primeiro o homem e, após, acrescentou a mulher. Por quê?

Uma questão de ordem

Gênesis 1 dá a visão cósmica do todo. Gênesis 2 entra em detalhes, oferecendo uma versão mais minuciosa, com os personagens na frente e no centro de tudo. Até Deus aparece um pouco mais de perto. No Capítulo 1, vimos o Criador soberano, "Deus" (em hebraico, *Elohim*); Gênesis 2 introduz o nome "Senhor" (em hebraico, *Yahweh*, um nome mais pessoal, que expressa o amor pactual de Deus em relação a seu povo). Poderíamos esperar que esse capítulo de Gênesis focasse mais de perto, mostrando a primeira família desde o princípio. Poderíamos perguntar por que Deus simplesmente não formou um homem e uma mulher do solo, mostrando-lhes onde estavam, e dando a ambos aquela ordem de suma importância. Das muitas perguntas que poderíamos fazer sobre esse capítulo, vamos nos concentrar nesta: por que Deus criou Adão em primeiro lugar e Eva em segundo?

Ao longo da história, muitos estudiosos já sugeriram que o homem foi criado em primeiro lugar porque, de algum modo, seria qualitativamente superior à mulher. Mesmo entre os veneráveis Pais da Igreja, podemos detectar tendências desse tipo.[1] Agostinho de Hipona, no século IV d.C., escreveu:

> A mulher, junto com seu próprio marido, é a imagem de Deus para que toda essa substância seja uma só imagem; mas, quando ela é vista separadamente, em sua qualidade de auxiliadora, considerando-a sozinha, então não é a imagem de Deus; porém, no que diz respeito ao homem sozinho, ele é plena e completamente a imagem de Deus, da mesma forma que o é quando a mulher se une a ele em um só ser.[2]

É óbvio que essas palavras foram escritas em um contexto maior, mas está claro que esse Pai da Igreja, pelo menos para os propósitos desse trecho, apresentava as mulheres como limitadas no modo de portar a imagem de Deus — em comparação ao modo como os homens o fazem.

No processo de procurar explicar os ensinamentos do apóstolo Paulo sobre as mulheres, Agostinho refere-se a Gênesis 2, afirmando que a mulher foi criada depois do homem para ser sua "auxiliadora". É sobre isso que temos de

---

1   Embora exemplos isolados tenham de ser examinados no contexto da obra e do pensamento de um escritor, não é difícil encontrá-los. O Pai da Igreja, João Crisóstomo, por exemplo, escreveu sobre o sexo masculino desfrutando "maior honra" e apresentando "superioridade" em relação às mulheres, com a evidência de que o homem foi formado primeiro. (Veja em suas *Homilies on Galatians, Ephesians, Philippians, Colossians, Thessalonians, Timothy, Titus, and Philemon*, traduzidas por Philip Schaff, Homily IX. Disponível em ccel.org/ccel/schaff/npnf113.v.iii.x.html. Acesso em 26 set. 2017.)

2   Agostinho, *A Trindade*, Porto Alegre: Paulus, 1995.

conversar. No cerne da questão, está a forma *como* esses primeiros capítulos da Bíblia caminham juntos. Como Gênesis 2 segue Gênesis 1 sem negar nada do significado e do poder do Capítulo 1?

Essas não são apenas perguntas abstratas sobre como ler o texto. Na igreja, como no mundo em geral, muita dor tem sido entretecida aos fios históricos do pensamento, no que diz respeito às mulheres. Talvez você já tenha experimentado a dor de ter sido diminuída ou machucada por palavras ou atos; talvez você já tenha visto as pessoas diminuindo ou ferindo as mulheres enquanto afirmavam ter alguma base bíblica para agir assim. Essa questão de como Deus vê as mulheres não é apenas teórica; é importante, pessoal e emocional.

É hora de fazer uma confissão plena: não compreendo totalmente o porquê de Deus ter escolhido criar Adão e Eva na ordem em que o fez. Se existe algo que vimos sobre Deus em Gênesis 1, é que ele é distinto de sua criação e soberano sobre ela. Seus pensamentos e caminhos são mais elevados que os meus ou que os seus. Sugiro duas respostas iniciais, não como uma defesa da Palavra, mas como um esforço para recebê-la e celebrá-la em sua plenitude. Eu amo essa Palavra e o Senhor que a fala. Às vezes eu luto com ela. Mas, quanto mais olhamos para ela, mais vemos a sua beleza.

Necessidade humana e provisão divina

Eis a primeira razão para discernirmos na Escritura por que Adão foi criado primeiro: Deus estava revelando a grande necessidade do homem e seu grande presente ao homem para suprir essa necessidade. Lembre-se de que chegamos ao Capítulo 2 com o veredicto divino repetido de Gênesis 1 ecoando: "Bom"... "bom"... "bom"... "muito bom". Assim, Gênesis 2.18 nos faz parar, assustados: Deus diz: "Não é bom". O que não é bom? "Que o homem esteja só."

Essa falta não surpreende o Deus do universo; ele poderia ter evitado esse problema desde o início. Talvez, contudo, Deus quisesse que Adão (e nós) sentisse essa solidão de forma profunda, para que ele (e nós) pudesse provar a solução divina para isso. E essa solução divina, que Deus declara que fará, é "uma auxiliadora que lhe seja idônea" (v. 18) — literalmente, "uma ajuda do oposto dele" ou "uma ajuda que corresponda a ele".[3]

Deus não faz de imediato o que disse que faria. Em primeiro lugar, vem o rito de dar nome a todos os animais e aves; então, Deus os traz em cortejo até Adão, "para ver como este os chamaria" (v. 19). Deve ter sido um grande prazer observar todas aquelas características singulares, cores, texturas e hábitos dessas criaturas com as quais Deus enchera terra e céu, e dar o nome exato a cada uma delas

---

3 KIDNER, Derek, *Genesis*, em Tyndale Old Testament Commentaries (IVP Academic, 2008), p. 70.

— pense só em inventar todas essas novas palavras com a criatividade de uma nova imaginação não caída!

Mas a mulher ainda não havia chegado. Quando chegou, aprendeu os nomes dos animais, assim como Adão aprendeu os nomes de dia e noite, mares, terra e céus — e tudo mais que Deus ensinou sobre o que já havia sido feito antes de ele entrar em cena. Parece que Deus estava permitindo que a solidão de Adão crescesse até um momento dramático, mas também estava ensinando Adão a respeito de seu lugar neste mundo, antes de criar a mulher, que o ajudaria na obra de governar a terra. Ele seria uma pessoa mais bem-preparada para receber esse auxílio, quando ela chegasse aqui. Nesse ínterim, ele permanece só. No processo de dar nome aos animais, não se encontra nenhuma ajudante adequada.

Fico imaginando sobre quanto Adão entendia ou não sobre sua própria solidão. Com certeza, ele a sentia, e nós vemos seu prazer imenso na solução para isso. Certamente percebemos sua necessidade quando imaginamos os animais desfilando à sua frente sem que houvesse uma ajudante apropriada. Por meio de sua palavra, Deus está revelando a nós essa necessidade. Mas, nesse ponto da narrativa, não temos a virada que os leitores de hoje em dia poderiam esperar, com a tendência a uma análise psicológica; na verdade, a narrativa não presta muita atenção à perspectiva pessoal ou aos sentimentos de Adão. O texto não diz que ele se sentia sozinho; diz que Deus julgou que a solidão de

Adão não era algo bom. O texto não diz que Adão não pôde encontrar a ajudante certa entre os animais; afirma que não encontrou ninguém. É Deus quem conduz a história ao trazer todas as criaturas até o homem para ver como ele as nomearia. Afinal, Adão não saberia como procurar ou encontrar essa auxiliadora, nem mesmo conseguiria imaginá-la.

Essa narrativa nos esclarece o desejo de Deus de que sua criação fosse completa — para que o homem tenha uma vida que não seja apenas "boa". Talvez nós, leitores, instintivamente, tenhamos o foco somente na experiência de Adão — e seremos convidados para isso daqui a pouco. Mas, em última análise, essa história é sobre Deus e seu cuidado em relação a nós, suas criaturas. O ponto é que ele deseja nosso bem. Nessa história, a mulher não está ausente ou perdendo; a mulher é o elo crucial de ligação nessa história, por meio da qual Deus se mostra a nós.

Na ordem da criação do homem e da mulher, Deus está revelando a grande necessidade de Adão, e a grande provisão correspondente de Deus para suprir essa necessidade. Deus vê e se importa com o fato de o homem estar só e, então, age para resolver essa solidão. Deus o prepara para dar a resposta à sua solidão. Deus é assim. Em última análise, as Escrituras nos dizem como Deus agiu para resolver a maior necessidade da humanidade, removendo essa eterna solidão, plena e completamente, por meio de seu próprio Filho.

Provisão de uma auxiliadora idônea

Então, Deus tomou uma costela do homem, que dormia: "E a costela que o Senhor Deus tomara ao homem, transformou-a numa mulher e lha trouxe" (v. 22). Quem imaginaria que Deus faria uma mulher de uma costela do homem? Deus, então, a leva para o homem, da mesma forma que levara os animais até ele, e o homem dá a ela um nome, assim como dera nome aos animais — mas isso é completamente diferente! De repente, estamos olhando para duas pessoas, dois semelhantes (da mesma carne), porém não idênticos. A mulher "corresponde", ou é perfeitamente "adequada", a ele. Agora, vejamos a perspectiva do homem. Ele comemora com uma poesia! Nessa primeira fala humana documentada, observe as linhas poéticas que se combinam e se equilibram. Essas linhas apresentam a mesma belíssima simetria que foi experimentada no encontro desse primeiro homem e dessa primeira mulher que combinavam perfeitamente: "Esta, afinal, é osso dos meus ossos e carne da minha carne; chamar-se-á varoa, porquanto do varão foi tomada" (Gn 2.23).

As palavras aqui usadas para "mulher" e "homem" parecem iguais e soam idênticas no hebraico (*ishá* e *iysh*). Ele era um; agora eles são dois; mas as palavras concludentes do capítulo mostram que, como marido e mulher, eles estão novamente juntos, como "uma só carne" (v. 24). Combinação perfeita. Nada é encoberto ou está separado. Nenhuma vergonha no compartilhamento pleno de si mesmo com o outro. A solidão de Adão terminou com Deus fazendo maravilhosa provisão de uma auxiliadora idônea, uma esposa.

Em sua bondade, Deus criou esse primeiro marido e essa primeira esposa para serem perfeitamente adequados à intimidade sexual. O versículo 24 é a declaração de Deus sobre essa questão, baseada no modelo estabelecido nessa primeira união: Deus diz que isso é bom. No capítulo anterior, vimos que, quando Jesus começou a responder a uma pergunta sobre divórcio, citou Gênesis 1.27, reportando-se à criação por Deus de homem e mulher (Mt 19.4). Naquela mesma resposta, Jesus, citando Gênesis 2.24 (Mt 19.5), afirma a benignidade duradoura do casamento entre um homem e uma mulher, usando as palavras de Deus naquela primeira cerimônia de casamento.

Idônea, sim, mas *auxiliadora*?

O que dizer da palavra "auxiliadora" (Gn 2.18)? Mesmo que conservemos todos os nossos bons "preconceitos" estabelecidos por Gênesis 1, lembrando que o homem e a mulher são igualmente criados à imagem de Deus, ainda podemos indagar: a palavra "auxiliadora", aplicada à mulher, implica que ela seria uma cidadã de segunda categoria (em uma sociedade de dois!)? Quando pensamos em "auxiliadora", é comum imaginarmos uma ajudante doméstica, ou uma criança que é "a pequena ajudante da mamãe", entre um sem-número de papéis aparentemente de menor importância ou de menor responsabilidade.

Mas vamos pensar na palavra em si. Um auxiliador (ou uma auxiliadora) é simplesmente alguém que ajuda outrem. O ato de auxiliar não diminui o auxiliador. De fato, é exatamente o contrário. Em diversas ocasiões recentes, quando eu estava em outros países, senti-me incapaz de me comunicar em língua estrangeira — e os tradutores que me ajudaram, a meu ver, foram grandes heróis. Senti-me maravilhada e humilhada por sua habilidade de transitar de uma língua para outra. Eu é que não tinha essa capacidade; eles tinham. E, quando eu precisei, sua ajuda me salvou!

O termo "ajudante" (em hebraico, *ezer*) denota força — com frequência, a força que vence as batalhas. De fato, em todo o Antigo Testamento, essa palavra é usada para descrever Deus, na medida em que ele ajuda seu povo — "O Senhor está comigo entre os que me ajudam; por isso, verei cumprido o meu desejo nos que me odeiam" (Salmos 118.7). A ajudadora que Deus deu a Adão era uma extensão da ajuda do próprio Deus, pois ele cria a mulher e a leva até Adão. A ajudadora é o modo como Deus torna o "não é bom" em "muito bom". A ajudadora é o ponto mais alto, o ápice da finalização por Deus na história da criação. Esse papel de auxiliadora que a mulher tem é um chamado elevado: algo por meio do qual ela reflete a imagem de Deus, seu Criador — e por meio do qual ela serve a Deus ao andar conforme sua Palavra.

Mesmo assim, temos de perguntar o que significa, na prática, dizer que a mulher é uma "auxiliadora idônea". Em Gênesis 2, esse papel elevado de auxiliadora aplica-se claramente ao primeiro casamento (e a todos os casamentos subsequentes, conforme veremos adiante, cada vez com maior clareza). Mas isso se aplica a todas as mulheres, em todos os seus relacionamentos com todos os homens? Todas as mulheres devem ser ajudadoras de todos os homens? Essa natureza de "ajuda" seria intrínseca à condição feminina, conforme o plano de Deus? Se, ao respondermos sim a essa pergunta, estivermos pensando em "ajudadora" de modo depreciativo ou humilhante, a resposta é não. Não existe ensino na Escritura que nos leve a isso.

Se, ao respondermos sim a essa pergunta, confundirmos os papéis biblicamente definidos com outros papéis, a resposta é não. Chegaremos a passagens que tratam dos papéis tanto no casamento como na igreja, e a Escritura é clara quanto a ambos os contextos. O ensino da Bíblia nessas duas esferas remonta a Gênesis, para sua verdade fundamental. Mas, se aplicarmos o ensino da Escritura a respeito desses papéis em contextos que a Palavra de Deus não aborda, entramos em uma enrascada.

Daqui a pouco, vou analisar que essa história da criação nos oferece vislumbres de um padrão criacional e universal que se aplica a todos os homens e a todas as mulheres, de modo que há um sentido em todas as mulheres serem chamadas para atuar como "auxiliadoras". Mas, se eu tomar esse modelo universal como significando, por exemplo, que uma mulher não deve dirigir uma empresa ou ser reitora de uma faculdade, ou ser presidente de um país, eu estaria confundindo papéis biblicamente definidos com outros papéis sobre os quais a Escritura não fala. Eu estaria impondo restrições nada bíblicas sobre as portadoras femininas da imagem de Deus.

Mas nós podemos dizer sim a essa questão, de modo a manter os "bons preconceitos" de Gênesis 1, ao mesmo tempo que asseveramos que esse primeiro homem e essa primeira mulher nos ensinam algo profundo e universal. Assim como Gênesis revela a verdade fundamental de que homem e mulher (e não apenas esposos e esposas) foram criados à imagem de Deus, parece que haveria uma verdade fundamental na criação da primeira mulher (não apenas da primeira esposa) como ajudadora do homem. É difícil definir essa verdade com princípios específicos, porque a verdade do que ocorre na Criação cresce e espalha sua luz por toda a Escritura. Precisamos chegar ao contexto da igreja para descobrir a operação plena e aberta dessas verdades criacionais dentro do corpo de irmãos e irmãs (casados e solteiros) no âmbito da família de Deus. E é no contexto das congregações locais da igreja que eu tenho visto mais nitidamente a beleza da parceria entre mulheres que ajudam, de modo ativo, todos a seu redor, e homens que recebem e apreciam essa ajuda, quando o povo de Deus serve e trabalha em conjunto.

Há uma mulher solteira na minha congregação que é brilhante em questões financeiras, e todos celebram esse brilho; eu não sei o que faríamos sem a sua ajuda, a qual, há anos, ela tem dado sem reservas à igreja — eventualmente, como membro da equipe de direção. Ela é uma mulher que respeita, celebra e ajuda os homens da liderança. O elevado papel das mulheres como ajudadoras, quando elas abraçam isso de coração, tende a dar sabor a tudo que fazem, dentro e fora da igreja. Essa mulher era muito valorizada na instituição financeira na qual, durante anos, ela trabalhou, ocupando uma posição de grande responsabilidade. Imagino que você consegue pensar em mulheres que, com seu espírito de ajudadoras, dão sabor à sua vida e à sua igreja, e em homens que se alegram em fazer parceria com essas mulheres, recebendo humildemente sua ajuda, sem se importar com quem está ou não no comando, em qualquer tipo de trabalho ou empreendimento. Mais adiante, falaremos mais especificamente a respeito dessas aplicações. De fato, muito mais luz virá dessa próxima razão que encontramos para a ordem de Deus na criação.

Ordem na humanidade

A primeira razão para a ordem de criação do homem e da mulher seria mostrar a grande necessidade do homem, e o grande presente de Deus em suprir essa necessidade. Podemos discernir também uma segunda razão: Deus quer estabelecer ordem na humanidade. Essa declaração, contudo, é controversa. Mas, na verdade, faz sentido quando lembramos o modelo ordenado de criação por todo o primeiro capítulo de Gênesis: em sua autoridade, Deus estabeleceu divisões e distinções, entregou responsabilidades e delegou o domínio, tudo isso porque é Deus bom e soberano. O sol e a lua devem governar, respectivamente, sobre o dia e a noite, e não de maneira intercambiável, mas cada um em sua esfera. O homem e a mulher, juntos, governariam sobre os peixes, as aves e os animais. Quando entramos em maiores detalhes, talvez não nos surpreenda o fato de haver alguma ordem entre o homem e a mulher, criados igualmente à imagem de Deus.

A intencionalidade da ordem de Deus nos primeiros cinco dias da criação nos prepara para encontrar significado na ordem do sexto dia. Essa ordem tem suas ramificações. O primeiro ser humano criado — o homem — recebe primeiro a palavra de Deus; ele, portanto, tem a incumbência de recebê-la, guardá-la e transmiti-la. É o homem que Deus primeiro coloca no jardim, para cuidar dele; ele é o primeiro mordomo da criação. É ao homem que Deus explica a liberdade de comer de qualquer árvore, ao lado da ordem de não comer da árvore do conhecimento do bem e do mal, bem como o resultado de eventual desobediência.

Vemos o homem andando à frente e sozinho em diversas responsabilidades. Deus chama o homem para dar nome aos animais, exercendo, assim, o domínio humano sobre eles ao demonstrar a imagem de Deus, a quem acabamos de ver dando nome a tudo que criou. Curiosamente, é ao homem que Deus diz, inicialmente, para deixar pai e mãe a fim de se unir à sua esposa — e não o contrário. E, assim como o sol e a lua não são intercambiáveis, o homem e a mulher, igualmente, não são intercambiáveis. Ao homem, são dadas as instruções, e ele é posto para trabalhar, então a mulher se reúne a ele como auxiliadora.

Isso não quer dizer que eles não trabalhem juntos. Não significa que tenhamos de abandonar nossos "preconceitos" de Gênesis 1. Não quer dizer que Adão não tenha sido feito para ajudar Eva — e, sim, que Eva foi feita como ajudadora de Adão. Ele tem a responsabilidade de liderar Eva em tudo que lhe foi dado a conhecer e incumbido de fazer antes de ela chegar àquela cena. Isso faz sentido: liderar significa sair antes, adiante, para que outros possam seguir. Eva não suportaria essa responsabilidade de liderança porque ela não estava lá antes. Conforme a ordem em que Deus atuou, ela tem a responsabilidade de ouvir e seguir tudo que Adão lhe diz sobre a experiência do que aprendeu. Nós os vemos juntos recebendo a bênção de Deus, bem como seu chamado para que sejam frutíferos, enchendo a terra e sujeitando-a. Eles são parceiros, e Adão parece ser o que lidera.

Se você for como eu, poderá, instintivamente, irritar-se com essa ordem. Pode até mesmo aceitá-la como verdade porque a Bíblia ensina isso — mas como você e eu celebramos isso como sendo algo bom? Em parte, essa luta surge porque tendemos a associar a diferença nos papéis à diferença de valor. E, assim que surge a palavra "líder" aludindo ao homem, e "auxiliadora" em referência à mulher, começam a voar os pressupostos — pressupostos de que, se um homem estiver na liderança, ele é mais importante; e de que, se uma mulher não estiver na liderança, sendo "meramente" uma ajudadora, ela é menos importante.

Por que presumimos que uma diferença de papéis implicaria diferença de valores? Realmente não podemos lidar com essa questão sem passarmos para Gênesis 3. Mas, se o que observamos em Gênesis 1 e 2 estiver correto, pelo menos podemos afirmar, ainda que não consigamos compreender por completo, que o relacionamento ordenado do primeiro homem e da primeira mulher foi muito bom. Não há dúvida quanto ao valor ou à importância nessas cenas iniciais. Todo o progresso da criação, dos planetas às pessoas, é apresentado como obra de Deus, digna de todo valor! Só vemos alegria na reunião do primeiro homem e da primeira mulher, criados à imagem de Deus para refletir e obedecer a ele como um belo clímax da ordem da criação.

Além disso, em termos lógicos, quem de nós realmente desejaria igualar *papel* a *valor humano*? Certamente, não iríamos dizer que um CEO bem-sucedido é mais valioso que um portador de deficiência ou alguém que esteja desempregado, ou que uma bela estrela de cinema na casa de seus vinte anos é mais valiosa que uma senhora idosa ou um bebê recém-nascido. Mesmo que, com frequência, vivamos de modo a atribuir valor de acordo com os papéis das pessoas, no fundo, nós, seres humanos, sabemos que isso não é verdade. No fundo, com frequência queremos que nosso valor não esteja associado aos papéis nos quais atuamos ou às posições que temos, mas a algo que vá muito além disso. Esse anseio encontra cumprimento nas verdades de Gênesis 1 e 2 — na revelação de que nosso Criador nos fez à sua imagem, homem e mulher juntos. E é somente aos seus olhos que se mede o valor verdadeiro.

Com certeza, isso é algo contracultural, mas essa verdade sobre as distinções ordenadas é, de fato, um bom dom da revelação de Deus, ajustando nossa visão para que olhemos para ele e encontremos nosso valor último somente nele. Ao olharmos para o início da história humana, vemos um Criador que estabelece uma ordem que o reflete e que demonstra sua bondade em toda parte dessa ordem.

Enquanto você está lendo, o sol declara a glória de Deus, ainda cumprindo seu desígnio original, levantando-se, no raiar do dia, por toda a terra, como um noivo que sai de seus aposentos (Sl 19.1-6). Da mesma maneira, todos os homens e mulheres podem demonstrar juntos a glória de Deus em seus relacionamentos ordenados. Gênesis dá o fundamento crucial. Depois, entraremos em detalhes acerca dos atributos práticos. Nos capítulos subsequentes, lutaremos com as leis do Antigo Testamento no que diz respeito às mulheres, e com o ensino do Novo Testamento sobre casamento e igreja. Mas tivemos de começar por aqui, e precisamos nos lembrar sempre do Deus que vemos aqui; esse mesmo bom Deus — Pai, Filho e Espírito Santo — que se revela do começo ao fim.

    Estamos prestes a fazer mais perguntas — e perguntas difíceis — sobre a primeira mulher (e todas as mulheres que se seguem). Ao perguntarmos, nossa esperança e nossa ajuda estão nas palavras da Bíblia, inspiradas por Deus, o Deus que realmente se revela a nós. Sua Palavra suporta o peso de nossas perguntas.

3 MULHERES CAÍDAS

Gênesis 3 é um dos capítulos mais conhecidos de toda a Bíblia — em grande parte, por causa da mulher da história, Eva. Para muitos, parece que Eva teve um tempo excepcionalmente difícil, tanto no começo como no fim dessa história. E, quando olhamos para ela, temos de fazer algumas perguntas muito duras sobre como Deus trata a primeira portadora feminina de sua imagem.

A Queda
Gênesis 3 tem duas partes principais: a história da Queda e os resultados prejudiciais dessa Queda. Talvez o que mais nos surpreenda, quando a cortina se abre, é o fato

de que Deus não está ali — pelo menos não abertamente. Ele é o ator principal no palco de Gênesis até então, fazendo-se presente, de forma abrangente, ao dirigir todo o processo da criação, até completar a união do primeiro homem e da primeira mulher. Foi nesse ponto que paramos no final de Gênesis 2: Adão e Eva juntos, nus, sem vergonha disso, prontos para desfrutar a vida feliz como portadores da imagem de Deus e como seus representantes na criação.

Porém, surge das sombras a serpente. Deus não está no palco, mas de repente, no versículo 1, essa serpente *está*: "Mas a serpente, mais sagaz que todos os animais selváticos que o SENHOR Deus tinha feito". O animal está ali, provavelmente é lindo — e fala. Separado de sua "espécie" de animais selvagens sobre os quais a humanidade deverá governar, essa criatura astuta está claramente fora de ordem. Acho que querem que pensemos (certamente foi o que Eva pensou): "O que uma serpente está fazendo, ao falar desse jeito?". Mas quase não temos tempo de pensar, porque, enquanto a serpente está falando, imediatamente se insinua entre um dos seres humanos e Deus.

O restante da Escritura nos ajuda a identificar essa serpente como Satanás, mencionado no livro de Apocalipse como "o grande dragão, a antiga serpente, que se chama diabo e Satanás, o sedutor de todo o mundo, sim, foi atirado para a terra, e, com ele, os seus anjos (Ap 12.9; 20.2). Parece que Satanás entrou e falou por meio dessa criatura, com o objetivo de desviar Eva. Observe a progressão das perguntas, acrescentando e, finalmente, contradizendo diretamente a palavra de Deus:

> Mas a serpente, mais sagaz que todos os animais selváticos que o SENHOR Deus tinha feito, disse à mulher: É assim que Deus disse: Não comereis de toda árvore do jardim? Respondeu-lhe a mulher: Do fruto das árvores do jardim podemos comer, mas do fruto da árvore que está no meio do jardim, disse Deus: Dele não comereis, nem tocareis nele, para que não morrais. Então, a serpente disse à mulher: É certo que não morrereis. Porque Deus sabe que no dia em que dele comerdes se vos abrirão os olhos e, como Deus, sereis conhecedores do bem e do mal (Gn 3.1-5).

E Eva caiu nessa. Foi tentada de três formas: a árvore era boa para se comer, agradável aos olhos e desejável para dar entendimento (v. 6). Não somente seus sentidos físicos foram despertados, como também ela se tomou do desejo de se erguer até o nível de Deus, em vez de se submeter à sua palavra. Vem, então, abruptamente o momento trágico: "tomou-lhe do fruto e comeu". Uma pequena frase fala de uma queda profunda.

Uma vez ludibriada Eva, o restante da ação se desenrola rapidamente. A próxima sentença breve, que soa meio casual, carrega uma espécie de choque elétrico: "e deu também ao marido, e ele comeu". Ao ler essas palavras, ex-

perimentamos uma espécie de processo de pensamento acelerado que corre em nossa mente no auge da crise.
>Ah, então ele estava ali com ela?
>E ele não fez nada para impedir?
>Não interferiu para defender a palavra de Deus, que ele ouvira com os próprios ouvidos?
>Simplesmente ficou assistindo enquanto Eva comia?
>*Ele também está comendo?*

E então está tudo acabado, como um tornado que passou, o qual, rapidamente, aponta o dedo da destruição para determinado lugar e, em seguida, passa adiante, deixando tudo destruído atrás de si. O pecado deixa atrás de si a vergonha. Em contraste ao fato de "não se envergonharem", no capítulo anterior, agora "abriram-se, então, os olhos de ambos; e, percebendo que estavam nus, coseram folhas de figueira e fizeram cintas para si" (v. 7). A confiança se dissipou e a sinceridade desapareceu. Talvez já estivessem brigando entre si sobre o que acabara de acontecer. O pecado, então, invadiu e começou a romper com a ordem da boa criação de Deus.

Retratos de Eva

Por que a serpente mirou em Eva, e não em Adão? Por ser ardilosa, evidentemente ela pensou que isso daria certo — mas por quê? Bem, a razão não nos é revelada, mas, pelo êxito da serpente, vemos que tanto Eva era vulnerável à investida do animal como Adão era vulnerável à investida de... Eva. Eva é a personagem humana central desse drama. Não causa admiração, portanto, que, por séculos, as pessoas sintam-se compelidas a tentar explicá-la.

Alguns concluem que Eva simplesmente não era tão esperta quanto Adão; que ela era estúpida. Por isso a serpente conseguiu enrolá-la com sua lógica ardilosa, enquanto Adão (assim dizem) a teria desmascarado, mandando o animal sumir de vez. O apóstolo Paulo distingue Adão e Eva no processo da tentação: "E Adão não foi iludido, mas a mulher, sendo enganada, caiu em transgressão (1Tm 2.14). Isso quer dizer que Adão era mais esperto do que Eva?

Outros tomam Eva como não menos inteligente, porém mais maldosa. Ela foi atraída para o diabo em meio a uma vida perfeita num belo jardim, com um marido que a amava, na presença do próprio Deus — como, então, pôde fazer isso? Quanta maldade! Tertuliano, um escritor do século III d.C., escreveu *On the Apparel of Women*. Nessa obra, Tertuliano lembra a todas as mulheres que elas compartilham com Eva "a ignomínia (...) do pecado original e o ódio de ser a causa da queda da raça humana":

> Não sabeis que cada uma de vós é uma Eva? Uma sentença de Deus sobre esse vosso sexo habita nesta era: necessariamente a culpa também tem de estar ali. Tu és o portal do diabo: tu foste aquela que deslacrou a árvore [proibida]; tu foste a primeira a abandonar a lei divina; tu foste aquela que persuadiu aquele a

quem o próprio diabo não teve coragem de atacar. Tu destruíste com tanta facilidade a imagem de Deus, mulher. Devido à tua deserção — ou seja, a morte —, até mesmo o Filho de Deus teve de morrer.[1]

Acrescentemos mais um retrato que acompanha a "Eva estúpida" e a "Eva maldosa": a de "Eva tentadora sexual". Muitos quadros artísticos antigos apresentavam Eva em posições sedutoras, estendendo o fruto enquanto oferecia muito mais que apenas o fruto. Nesse cenário, o pobre Adão aparece como um incapaz sob o poder das investidas sexuais de Eva. Eva torna-se, assim, o arquétipo da *femme fatale* — preparando o caminho, implicitamente, para todas as mulheres depois dela.

Todo o Capítulo 3 de Gênesis nos ajuda a lidar com essas imagens, mas vamos tomar um ponto de partida. Será que Eva era menos inteligente que Adão e, portanto, um alvo mais fácil? A Bíblia não oferece evidência disso. Na verdade, Eva parece bastante articulada — com certeza mais que Adão nesse cenário! Embora a Bíblia diga que ela foi "enganada", não foi por incapacidade de raciocínio que ela foi pega; foi o desejo — a árvore era *boa*, *agradável* e *desejável*.

---

[1] *On the Apparel of Women*, Livro I, capítulo 1, tradução de Thelwall. Em *Ante-Nicene Fathers*, v. IV, ed. Philip Schaff. Disponível em bit.ly/2fnZR7F. Acesso em 26 set. 2017.

Na verdade, podemos atribuir a vulnerabilidade de Eva à falta de cuidado de Adão em lidar bem com ela. Temos de nos lembrar que foi a ele que Deus originalmente deu a ordem de não comer do fruto. Por que ele não PULOU para dentro daquela conversa, declarando a palavra de Deus e salvando Eva desse engano?

O erro de Adão, contudo, não cancela o de Eva — mas não foi menos grave que o dela. Em última instância, a vulnerabilidade tanto de Adão como de Eva foi em relação à tentação e ao pecado. Desse modo, em Gênesis 3, Eva não é apresentada como uma pessoa mais maldosa que Adão. Ambos caíram, um logo após o outro. A questão da ordem é essencial, e Paulo aborda essa questão ao falar do pecado de Eva. Pouco antes de seu comentário sobre Eva ter sido enganada, Paulo escreve: "Porque, primeiro, foi formado Adão, depois, Eva" (1Tm 2.13). Por que Paulo aponta para essa ordem? Porque Adão tinha a responsabilidade primária naquela cena lá do Éden. E não agiu em conformidade com essa responsabilidade. Vejamos a visão de Deus a esse respeito nos versículos seguintes.

Quanto à acusação de que Eva usou seus encantos sexuais para seduzir Adão a comer da árvore, suponho que isso seja possível. Não existe, contudo, apoio das Escrituras para esse ponto de vista. Adão certamente não era incapaz: "E comeu". Ele fez isso. Podemos dizer que aqui está o clímax da ação. Adão não era incapaz, nem foi enganado; ele sabia exatamente o que a voz de Deus havia dito, mas escutou a voz de sua mulher e escolheu desobedecer.

Em Gênesis 3.1-7, não testemunhamos uma falha feminina, mas uma falha humana. A mulher pode ter aberto a porta para o pecado, mas Adão podia e devia ter fechado essa porta. As diversas representações de Eva como burra, má ou sedutora são injustas. Mas a Escritura não é. E o Deus da Escritura não é. Vamos continuar.

As consequências

Depois da Queda, vieram as consequências. O homem e a mulher rompem, ambos, com a palavra do Criador, e seu Criador vem tratar com eles — e com a serpente. Enquanto testemunhamos essas interações, surgem pelo menos duas questões.

Primeiro, *por que Deus aborda primeiro Adão, se foi Eva quem pecou primeiro?* Segundo, *como lidar com a severidade do juízo de Deus dirigido à mulher?*

Trata-se de um momento dramático, misterioso, o do versículo 8: "Quando ouviram a voz do SENHOR Deus, que andava no jardim pela viração do dia, esconderam-se da presença do SENHOR Deus, o homem e sua mulher, por entre as árvores do jardim". Mas Deus chama o homem: "Onde estás?" (v. 9). Deus confronta Adão por sua desobediência e, a essa altura, Adão toma a frente, admite sua culpa e defende sua mulher... Não! Nada disso! "A mulher que me deste por esposa, ela me deu da árvore, e eu comi (v. 12). Colocou toda a culpa sobre ela. Ponto muito, muito baixo para Adão. No momento da tentação, Adão não estava ali para sua esposa. Agora, na presença de Deus, ele não apenas não está ali para ela, como também lança sobre ela a culpa, e responsabiliza Deus por tê-la criado.

A razão para Adão tomar a primeira responsabilidade tem a ver com a ordem. Pense no que acaba de acontecer: a serpente trouxe desordem a toda a criação, do mais baixo ao mais alto. Todos estão fora do lugar; a relação certa é rompida passo a passo entre a serpente e a mulher, entre a mulher e o homem, entre o homem e Deus. Agora Deus dirige-se à sua criação em uma progressão reordenada. Seria uma sequência cômica se não fosse trágica: Deus dirige-se ao homem, que culpa a mulher; Deus dirige-se à mulher, que culpa a serpente; Deus dirige-se à serpente. Suas palavras para a serpente são uma espécie de pivô que dá início às suas declarações de juízo, que voltam e percorrem o mesmo caminho: serpente, mulher, homem.

Deus dirige-se em primeiro lugar e finalmente ao homem: Adão recebe a primeira pergunta (v. 9) e o julgamento final (vv. 17-19). Deus dá duas razões para esse juízo: porque Adão comeu, e porque "atendeste a voz de tua mulher" (v. 17). A ênfase na ordem é o ponto-chave. Embora Eva tenha pecado primeiro, Adão foi criado antes, recebeu as palavras de Deus primeiro e portava a responsabilidade primeira e final de obedecer e conduzir sua esposa a obedecer àquelas palavras. Essa ordem não exime a responsabilidade de ninguém. Deus não isenta Eva da parte referente a ela: "Que é isso que fizeste?", pergunta ele (v. 13). Ela também passa a lançar a culpa em terceiro: "A serpente me enganou, e eu comi". Todo mundo está lançando a culpa sobre outrem, e todos são culpados.

O juízo doloroso

Ao chegarmos aos juízos de Deus, iniciemos com o intermediário, aquele dirigido à mulher: "Multiplicarei sobremodo os sofrimentos da tua gravidez; em meio de dores darás à luz filhos; o teu desejo será para o teu marido, e ele te governará" (v. 16).

Ler esse versículo quase nos remete à segunda pergunta: *Mas isso é justo?* Isso soa tão severo. Uma parte do problema é que sabemos que a dor do parto não é um exagero; ela tem sido literalmente provada — ah, com quanta dor! Por tantas mulheres! E tem ainda aquela parte sobre o marido dominando a mulher... como entender isso? Vamos considerar esse versículo desafiador que traz grande implicação para muitas gerações. Olhando as primeiras duas linhas sobre o sofrimento do trabalho de parto, não podemos deixar de compará-las ao julgamento que se segue sobre o homem: "maldita é a terra por tua causa; em fadigas obterás dela o sustento durante os dias de tua vida. Ela produzirá também cardos e abrolhos, e tu comerás a erva do campo. No suor do rosto comerás o teu pão" (vv. 17-19a).

Tais juízos se encaixam, assim como Adão e Eva foram feitos um para o outro. Para ambos, homem e mulher, as palavras de Deus descrevem o modo como sua boa ordem criada se tornará onerosa. Quando abraçada, a ordem de Deus é harmoniosa. Rejeitada, torna-se dolorosa. Os sofrimentos da gravidez e o parto com dor da mulher são comparados ao trabalho árduo e sofrido que o homem experimentará ao produzir o alimento em um chão amaldiçoado, cheio de espinhos. Ambos sofrerão as consequências do pecado em seus esforços para seguir a ordem original de Deus de ser frutíferos e multiplicar, enchendo e sujeitando a terra (1.28).

Ver essa simetria nos ajuda. Mas a dor de dar à luz filhos parece mais pesada na balança quando comparamos esses juízos entre si. Algumas vezes, as mulheres sorriem quando os homens se queixam de diversos males; os homens simplesmente não conseguem conhecer quanta dor as mulheres experimentam rotineiramente — não apenas as dores agonizantes de parir uma criança, mas também toda a dor associada ao desejo de ter filhos; de ter um corpo que fica nos lembrando que fomos equipadas para ter filhos; de carregar os filhos; de perder filhos de nosso próprio corpo — até mesmo de morrer de parto, como ocorria com tantas mulheres nos séculos passados, como ainda ocorre, especialmente em lugares nos quais não há acesso a cuidados médicos.

Por outro lado, mulheres não conhecem plenamente a dor que muitos homens experimentam quando tentam prover a família com pouco sucesso — quer no cultivo agrícola, quer em empresas que administram. Essa é uma comparação complicada, porque os homens não podem parir filhos, mas as mulheres podem participar do mercado de trabalho. Muitas mulheres têm compartilhado, ao lado dos homens, as frustrações da labuta, com o suor de seus rostos — quer ao moer o grão, quer ao coser as roupas, quer ainda fazendo a contabilidade da empresa. As mulheres, na verdade, parecem carregar o peso, não somente de um, mas de ambos esses juízos!

Tendo visto a ênfase de Gênesis nas distinções ordenadas, vendo o juízo paralelo sobre as mulheres, podemos razoavelmente concluir que, aqui, o julgamento do homem inclui a dor típica daquele que carrega nos ombros a responsabilidade de dirigir e prover sua família. Essa liderança pode ser exercitada de muitas maneiras e por diversos tipos de trabalhos. Mas significa um peso excepcional de responsabilidade.

Imagino que você, como eu, conhece muitos homens que carregam nos ombros essa responsabilidade pesada da família, que nunca se sentem capazes de prover de forma suficiente ou com segurança. Até mesmo é provável que subestimemos essa dor contínua.

É interessante observar que, aqui, em Gênesis 3, as palavras de Deus sobre a gravidez são breves — são intensas e concentradas, como as dores do parto. Todavia, as palavras ditas a Adão sobre as dores do trabalho se estendem, como a jornada diária em um emprego nada produtivo ou mesmo nos esforços inúteis de encontrar trabalho.

Deus dá o julgamento final e máximo ao homem, declarando que voltará ao pó da terra, de onde foi tirado: "pois dela foste formado; porque tu és pó e ao pó tornarás" (v. 19). Aqui, o juízo da morte é explicado primeiro a Adão, quando Deus deu a ordem de não comer da árvore do conhecimento do bem e do mal. Esse juízo, então, espalha-se de Adão não somente para Eva, mas também para toda a raça humana. Voltaremos a esse assunto mais adiante.

Desejo e governo

O que dizer dessas últimas linhas do pronunciamento de Deus para a mulher: "o teu desejo será para o teu marido, e ele te governará (v. 16)? Mais uma vez, como isso pode ser justo?

Será que Deus está dando ao homem a garantia de governar sobre a mulher, a qual tão somente o deseja? Vemos um conflito armado entre *desejo* e *governo*, pois aqui Deus declara os resultados do pecado — mas nós temos de perguntar o que essas palavras significam. E temos de perguntar humildemente, reconhecendo que não são palavras de fácil entendimento.

Essas linhas não soam estranhas no contexto de Gênesis 3 — acabamos de ver, pela primeira vez, um modelo de conflito entre homem e mulher. Cada um teve como alvo não o bem do outro, mas o mal contra o outro, de modo a contradizer diretamente seu papel legítimo. Eva não ajudou Adão a seguir a palavra de Deus, mas desejou atraí-lo para junto de si no pecado: não apenas comeu o fruto, como também o deu a ele. Por sua vez, Adão não somente deixou de conduzir Eva de acordo com a palavra de Deus, como também usou sua posição para tratá-la rispidamente, diminuindo-a, com o propósito de se defender diante de Deus. Agora, conforme esse juízo, o modelo de pecado que ambos escolheram vai persistir, solidificando-se em contendas mútuas e contínuas. Em certo sentido, isso é justo.

Ajuda quando olhamos não apenas para trás, como também para frente no texto, a fim de entender melhor esse "desejo" e esse "governo". No capítulo seguinte, Deus, mais uma vez, coloca essas duas palavras lado a lado, quando fala ao filho irado de Adão e Eva, Caim: "eis que o pecado jaz à porta; o seu desejo será contra ti, mas a ti cumpre dominá-lo" (4.7). Aqui as duas palavras comunicam novamente a luta por poder que envolve o pecado, iluminando sua verdadeira natureza no Capítulo 3.

O modelo repetido de palavras não conduz — nem precisa conduzir — à exata correspondência das diferentes personagens envolvidas nos dois versículos; essa é uma ressonância de contexto, em que ambos os versículos expõem o conflito surgido com a Queda. Existem diferenças; ao contrário de 4.7, não existe a garantia de 3.16 para essa luta, mas simplesmente uma declaração de que esse será um efeito doloroso e contínuo do pecado. Em geral, os contextos imediatamente anterior e posterior a 3.16 apontam para esse desejo e esse governo como as duas facetas de uma luta encharcada pelo pecado.

Além de Gênesis 3 e 4, o único uso na Escritura da palavra "desejo" vem em Cantares 7.10, passagem em que a esposa celebra o desejo sexual de seu marido por ela: "Eu sou do meu amado, e ele tem saudades de mim", diz ela. Quão imensamente encorajador é esse vislumbre do Antigo Testamento em relação à unicidade da carne no casamento conforme Deus ordenou, e como pode ser restaurado em Cristo! Mas, à luz de Cantares, deveríamos perguntar se esse termo, "desejo", tem a conotação de ansiar, incluindo o desejo sexual, remetendo a Gênesis 3.16? Isso é logicamente possível, especialmente porque os dois contextos referem-se ao casamento. Os indícios mais poderosos, contudo, vêm dos contextos claros, próximos, de Gênesis, que mostram os danos do pecado no cerne de tudo — incluindo a mulher. Em qualquer caso, o que resta abundante e tragicamente claro em Gênesis 3.16 é que o desejo vai encontrar o governo, o que resulta em um relacionamento conflituoso, devido ao pecado.

Gênesis 3 mostra-nos a origem e a natureza de nossas lutas como mulheres e homens pecadores. Não, nem todas as mulheres são pessoas manipuladoras que tentam controlar os homens para conseguir o que desejam. Não, nem todos os homens são dominadores, governando com severidade as mulheres. Temos de tomar o máximo de cuidado para não julgar os atos uns dos outros simplesmente à luz desses modelos pecaminosos.

Mas temos de admitir que tais modelos persistem, como Deus disse que aconteceria. Eu poderia lhe falar e você poderia me contar acerca das lutas que conhecemos e vimos no contexto do casamento, muitas vezes relacionadas a lutas de poder. Eu sei que não sou a única com amigas mulheres cujos maridos têm "governado" suas esposas com severidade, ou que tem observado casamentos em que uma esposa humilha o marido ou o usa para seus próprios desejos e fins egoístas.

Nem sempre essas são grandes lutas dramáticas. Hoje pela manhã, conversei com um casal que encontrei na rua, em uma esquina ensolarada. O homem estava impaciente e ficava interrompendo sua esposa, dizendo que precisavam ir logo. A mulher interrompia de volta, ignorando-o e revirando os olhos enquanto continuava falando. Parecia que eu estava no meio de uma pequena guerra. E eu digo isso com empatia, porque todos nós, inclusive eu, já brigamos em muitas guerras menores.

É claro que homens e mulheres lutam uns contra os outros de muitas formas fora do casamento — incluindo o local de trabalho ou o ambiente religioso. É comum ouvir falar de mulheres e homens que brigam por poder, oportunidades e recompensa nesses contextos. O abuso sexual de mulheres acontece em vários contextos, quando homens usam seu poder para mandar em mulheres e tirar delas aquilo que eles querem. E as mulheres aprendem a obter dos homens aquilo que elas querem, apelando ao ego do homem ou a seu apetite físico ou sexual; algumas vezes, elas até mesmo tiram vantagem da força de vontade fraca de um homem. Sem dúvida, você consegue pensar em exemplos dolorosos em seu mundo, talvez até mesmo em seu lar e em seu coração. Gênesis está cheio deles. Leia mais algumas páginas e veja Abraão, que forçou sua esposa, Sara, a fingir que era sua irmã, a fim de se proteger, deixando, assim, que ela fosse levada para o palácio de um faraó egípcio. Claro, foi Sara quem fez Abraão dormir com sua empregada, porque ela queria tanto esse filho...

De acordo com a Bíblia, herdamos essas características da família humana de nossa primeira mãe e de nosso primeiro pai. O egoísmo do pecado invadiu nossos corações. Gênesis 3 não é um mandato nem uma desculpa para essas características; o capítulo mostra a origem deste mundo caído e a realidade do sofrimento que nós, junto com Adão e Eva, escolhemos ao rejeitar a palavra do Criador.

A semente da esperança

Até aqui, nós omitimos as palavras de Deus à serpente. Agora voltemos a elas, porque essas palavras carregam a semente da esperança nesse capítulo avassalador de Gênesis. Após amaldiçoar a serpente, Deus acrescenta uma promessa: "Porei inimizade entre ti e a mulher, entre a tua descendência e o seu descendente. Este te ferirá a cabeça, e tu lhe ferirás o calcanhar" (3.15).

Muitos chamam essa declaração de *protoevangelium* — o primeiro anúncio do evangelho. Deus promete que um descendente da mulher esmagará a cabeça dessa serpente — e ele dará o golpe mortal na serpente. A serpente ferirá o calcanhar desse descendente, ou semente — ela o ferirá, mas não o destruirá. Assim, vê-se a primeira promessa do Salvador, o Senhor Jesus Cristo. Eis a semente da esperança, a única esperança para nós, seres humanos caídos: o evangelho.

Ao explicar o evangelho, Paulo olha em retrospecto para Gênesis e volta os olhos para Adão como seu representante humano, aquele que porta a responsabilidade original pelo pecado e a morte. Paulo traça uma linha entre dois homens, Adão e Cristo: "Visto que a morte veio por um homem, também por um homem veio a ressurreição dos mortos. Porque, assim como, em Adão, todos morrem, assim também todos serão vivificados em Cristo" (1Co 15.21-22). Como Cristo dá vida onde Adão trouxe a morte? Cristo nasceu na raça humana, teve uma vida sem pecado e morreu na cruz, levando sobre si nossos pecados: ele se entregou para ser atingido no calcanhar pela serpente, Satanás. Mas, então, ressurgiu da morte — e essa ressurreição foi o golpe mortal de Satanás. Quando depositamos nossa fé em

Cristo, a semente prometida, recebemos a vida eterna, que substitui a morte eterna que tínhamos em Adão.

O primeiro homem parece ter abarcado a esperança do homem que viria: "E deu o homem o nome de Eva a sua mulher, por ser a mãe de todos os seres humanos" (Gn 3.20). Ele é ouvido. Já está aguardando o descendente prometido. Brilha a esperança: Eva recebeu não somente o juízo de que as mulheres sofreriam ao ter filhos, como também a promessa de um filho que nasceria para dar fim a toda dor. Todas as mulheres — e todos os humanos — podem ouvir essa promessa junto com Eva. Todos nós podemos receber a esperança certa do evangelho.

A esperança do evangelho, antes de tudo, reconhece o pecado humano. Gênesis 3 é claro quanto ao fato de Eva e Adão terem desobedecido ao mandamento de Deus. Embora Adão seja responsabilizado diante de Deus e por toda a história da salvação, Eva não é menos nem mais pecadora do que seu marido. As mulheres não precisam carregar o fardo de ser consideradas melhores nem piores que os homens. Nós, humanos, vivemos todos as consequências arrasadoras da Queda. Como é libertador reconhecer nosso pecado, ver o mundo como realmente é e nos curvar, arrependidos, diante de Deus, clamando por sua misericórdia e sua promessa de salvação em Cristo.

A esperança do evangelho transborda de misericórdia — o que significa que nós, seres humanos caídos, podemos ser poupados do castigo que nosso pecado merece.

O QUE DEUS DIZ SOBRE AS MULHERES

Nosso Criador misericordioso não deixou que a história da raça humana terminasse no Jardim do Éden. Esse Criador e Juiz é também o Deus de nossa salvação, aquele que prometeu a semente. Quando Gênesis 3 chega ao fim, nós vemos um Criador misericordioso que conhece a vergonha de suas criaturas caídas e sua necessidade de se cobrir: "Fez o Senhor Deus vestimenta de peles para Adão e sua mulher e os vestiu" (v. 21). Imagine esses momentos em que eles foram vestidos por Deus. O capítulo termina com evidente misericórdia, quando Deus expulsa homem e mulher do Éden, para que eles não comam da árvore da vida e vivam para sempre em seu pecado.

Finalmente, a esperança do evangelho está no próprio Deus. Nós, seres humanos — homens e mulheres —, não somos a esperança deste mundo. Não somos essencialmente bons. Nenhuma solução ou emancipação humana vem solucionar a profundidade de nossa queda. Somente Deus, o soberano Criador e justo Juiz, é capaz de vencer o pecado e a morte, restaurar nosso relacionamento com ele e de uns com os outros, tornando nova sua criação caída. A bela verdade é que, em Gênesis 3, entre os escombros causados pelo pecado de ambos os humanos, Deus prometeu um descendente que traria essa solução. Em Cristo, isso foi feito. E, nesse fundamento, podemos prosseguir com a leitura, enquanto nos movemos em meio a algumas das passagens mais difíceis da história humana.

4 OS LUGARES MAIS SOMBRIOS

"Quando saíres à peleja contra os teus inimigos, e o Senhor, teu Deus, os entregar nas tuas mãos, e tu deles levares cativos, e vires entre eles uma mulher formosa, e te afeiçoares a ela, e a quiseres tomar por mulher, então, a levarás para casa" (Dt 21.10-11).

O quê?

Muitos leitores podem achar tentador parar por aqui mesmo e concluir que quem quer que seja o Deus deste livro, nós não o queremos. Ou, se quisermos o Deus da Bíblia, não queremos o Deus *dessa parte*.

Por um período, nossa família morou em uma casa com alguns cômodos escuros, fechados, nos quais eu nunca entrava — e, algumas vezes, esses lugares escuros me assombravam. Havia um espaço extenso no qual só dava para engatinhar debaixo da casa, onde, de tempos em tempos, diversos trabalhadores entravam com lanternas para investigar eventuais vazamentos ou roedores. No quarto que ficava em cima da garagem, havia duas portinhas recortadas nos painéis que, quando forçadas, abriam-se para espaços sombrios em cima do teto. Eu espiei, mas nunca em uma década abri essas portas para ver o que realmente havia ali. Acho que eu tinha medo de me deparar com um roedor — talvez uma enorme e assustadora ratazana.

Para muita gente, determinadas partes do Antigo Testamento são como aqueles lugares escuros e não explorados — nós temos medo, talvez com base numa conversa ou num livro, ou ainda em uma leitura confusa, já meio esquecida, quando tentamos ler a Bíblia de capa a capa anos atrás, de que existam algumas coisas ruins ali. No cerne desses temores, está, à espreita, uma imagem vaga e sombria de Deus, uma imagem que criamos para nós. Esse medo nos leva a duvidar de que Deus é bom. Especificamente, ao ouvirmos algumas dessas passagens sobre mulheres, somos suscetíveis às vozes que sussurram em nossos ouvidos, de que Deus não é bondoso com as mulheres.

E, ao examinarmos algumas dessas passagens, uma criatura assustadora nos confronta — mas ela é humana, e não divina. É o nosso ego humano na condição caída em que nos encontramos. Uma das partes mais importantes de cavar as histórias do Antigo Testamento talvez seja o encontro inevitável com as profundezas do pecado e seus efeitos sobre a raça humana.

Isso é difícil. Nós queremos muito acreditar que as pessoas ao nosso redor são boas. Sob a perspectiva de uma mulher, conheço isso muito bem: uma filha deseja desesperadamente confiar em seu pai, vê-lo como seu protetor sábio e forte — às vezes, a despeito das evidências contrárias. Uma esposa quer acreditar que seu marido tem um bom coração e que jamais a prejudicaria — porém, é bem provável que você, como eu, conheça casos em que até mesmo presbíteros da igreja aparentemente retos surpreenderam suas famílias e igrejas, abandonando tudo para viver outros relacionamentos, rejeitando frontalmente a autoridade da Palavra de Deus. Talvez você, como eu, tenha conversado com mulheres que amam o homem de sua vida, mas sentem medo da tendência desses homens de exagerar no uso do álcool, ou da pornografia, ou ainda de seus acessos violentos de raiva. Muitas mulheres têm medo do que jaz naqueles lugares escuros, bem como de expor seus entes queridos ao falar a esse respeito — razão pela qual muitas jamais abordam esse assunto. Os homens também têm medos profundos no que diz respeito às mulheres, mas eu não conheço tão bem os medos que eles têm. É claro que, bem no fundo, estão os medos que espreitam os lugares escuros dentro de nós.

O pior vem quando direcionamos esses medos contra o próprio Deus. Um dos livros que cito aqui é *Is God a*

Moral Monster? Making Sense of the Old Testament God.[1] Perguntas desse tipo surgem, em parte, porque não examinamos as profundezas da Palavra de Deus e, portanto, não o conhecemos bem. Podemos facilmente criar um deus tenebroso à imagem de seres humanos, em vez de confiar no Deus de luz que nos criou. Há uma razão para tantas culturas terem deuses imaginários que exigem abuso sexual de meninas e mulheres como parte de seus rituais religiosos; eles fizeram deuses à sua própria imagem, em vez de buscar o Deus em cuja imagem foram criados.

Somente Deus é bom, e Deus é somente bom — jamais mau. Se quisermos escutar, a Bíblia nos dirá isso. Ela nos diz isso até mesmo quando visitamos passagens do Antigo Testamento que estão cheias de maldade humana. A mensagem da Bíblia em relação a nosso pecado é pior do que queremos imaginar; no entanto, é muito melhor do que aquilo com que ousamos sonhar, no que diz respeito à nossa esperança. Encontraremos os dois extremos quando examinarmos primeiro alguns lugares tenebrosos na lei do Antigo Testamento, para, em seguida, examinar um período sombrio da história do Antigo Testamento.

---

[1] Esse livro, de Paul Copan (Baker, 2011), cuja tradução literal para o português seria Deus é um Monstro Moral? Discernindo o Deus do Antigo Testamento, dá suporte à discussão de algumas das mais comuns e desafiadoras questões estimuladas pela variedade dos textos do Antigo Testamento.

Lugares sombrios na Lei

No livro de Deuteronômio, no final de sua vida, Moisés fala a uma nova geração de israelitas que cresceu no deserto e está prestes a entrar na terra que Deus prometeu. São os descendentes de Abraão, aquele cuja descendência Deus prometeu multiplicar e abençoar, por meio da qual Deus abençoaria todas as nações do mundo (Gn 12.1-7). O pacto feito com Abraão revelou ainda mais aquela promessa do *protoevangelium* dada no Éden: Deus escolheu a semente de Abraão como canal para essa promessa. Ele os multiplicou, libertou-os da escravidão do Egito e lhes deu sua lei quando eles se reuniram ao pé do monte Sinai, no deserto. E, a despeito da reiterada desobediência a essa lei, Deus os preservou e proveu tudo para eles. Agora, prestes a entrar na Terra Prometida, Moisés prega a lei, conclamando-os a ouvir e atender ao Senhor, amá-lo e obedecer a ele de todo o coração.

Nessa "lei Mosaica", vem o imutável fundamento moral dos Dez Mandamentos, como também as leis que se aplicavam especificamente aos israelitas naquele tempo e naquele lugar. Por exemplo, havia as "leis cerimoniais" — sobre holocaustos e práticas do culto — que não estão mais vinculadas ao povo de Deus nos dias de hoje, porque Jesus as cumpriu quando veio e ofereceu sobre a cruz o sacrifício perfeito, final, pelo pecado (Hb 10.11-14). Havia também muitos "casos legais": essas leis aplicavam os princípios morais dos Dez Mandamentos a questões específicas ("casos") enfrentadas por Israel como nação naqueles tempos — questões raramente enfrentadas pelos crentes nos dias atuais. Hoje, nós, cristãos, não vivemos como uma nação, mas como pessoas de um povo unido em Cristo, espalhado entre as nações. Ao longo da história da salvação, a lei mosaica representa a antiga aliança. Jesus Cristo veio, disse ele, para instituir "a nova aliança no meu sangue, que é derramado em favor de vós" (Lc 22.20; 1Co 11.23-25). Nós somos o povo da nova aliança em Cristo.[2]

E, ainda que tenha sido cumprido, o antigo pacto reflete o caráter do Deus que o deu. O Deus da Bíblia é o único Deus, cujo propósito sempre foi o de redimir para si um povo, por meio de seu Filho. Ele é o Deus que salva — nunca pela obediência humana à lei, mas sempre e somente pela fé nele, por sua misericórdia e graça. Mas aqui nós temos uma pergunta: como podemos ver o caráter desse Deus gracioso e misericordioso refletido em alguns dos detalhes mais difíceis de sua lei?

De fato, é difícil entender algumas partes dessa lei. Alguns "casos" são estranhos e muito feios — como entrar em lugares sombrios, cheios de sombras tenebrosas. Deuteronômio 21.10-14 é um exemplo vívido disso:

---

2 Para uma introdução geral da lei na Escritura, veja, de T. D. Alexander, "Law", em the *New International Version Zondervan Study Bible*, editado por D. A. Carson (Zondervan, 2015), pp. 2.649-2.651.

OS LUGARES MAIS SOMBRIOS

> Quando saíres à peleja contra os teus inimigos, e o SENHOR, teu Deus, os entregar nas tuas mãos, e tu deles levares cativos, e vires entre eles uma mulher formosa, e te afeiçoares a ela, e a quiseres tomar por mulher, então, a levarás para casa, e ela rapará a cabeça, e cortará as unhas, e despirá o vestido do seu cativeiro, e ficará na tua casa, e chorará a seu pai e a sua mãe durante um mês. Depois disso, a tomarás; tu serás seu marido, e ela, tua mulher. E, se não te agradares dela, deixá-la-ás ir à sua própria vontade; porém, de nenhuma sorte, a venderás por dinheiro, nem a tratarás mal, pois a tens humilhado.[3]

A primeira frase já nos faz recuar, pois mergulhamos nesse período triste, quando Israel guerreava contra as nações vizinhas. O cenário está cheio de pecado: o "caso" dessa jurisprudência é a horrível circunstância de uma mulher arrancada de sua família e de seu lar, e, como prisioneira de guerra, vê-se forçada a se casar com seu captor.

---

[3] A primeira vez que esses versículos me impressionaram foi numa aula a que assisti na igreja, ministrada por Daniel Block, autor de *Deuteronomy*, da série *NIV Application Commentary* (Zondervan, 2012); veja especialmente as pp. 494-496, que me ajudaram muito nessa discussão. O dr. Block mostra, de forma compassiva, as leis sobre as mulheres e, mais ainda, com apreço pela compaixão e a misericórdia de Deus, evidenciadas nesse estudo de caso apresentado para proteger aquelas que se encontram em circunstâncias de maior vulnerabilidade. Aprendi muito também em um *workshop* oferecido por Mary Wilson em The Gospel Coalition Women's Conference, em 2016. (Disponível em http://resources.thegospelcoalition.org/library/is-god-amisogynist. Acesso em 3 de out. 2017.)

Por que, então, esse caso horrendo aparece na lei de Deus? Em primeiro lugar, é importante dizer claramente que Deus não endossa a tomada de mulheres em cativeiro. Aqui, o contexto é descritivo, e não prescritivo. O cativeiro de mulheres na guerra ou em qualquer contexto é pecado, um pecado horripilante. A jurisprudência fala a um mundo desesperadamente caído, restringindo o pecado e protegendo as pessoas que estão vivendo nessas condições.

Podemos entender isso melhor quando escutamos a explanação de Jesus numa conversa com os fariseus sobre outra jurisprudência do Antigo Testamento: um caso que trata de outra situação, o divórcio. Deuteronômio 24 aborda um caso em que um homem lavra um "termo de divórcio" e manda embora sua esposa (Dt 24.1-4). Os fariseus conheciam essa parte da lei e fizeram uma pergunta capciosa a Jesus: "É lícito ao marido repudiar a sua mulher por qualquer motivo?" (Mt 19.3). Vimos a primeira resposta de Jesus sobre isso nos capítulos 1 e 2 deste livro — ele citou Gênesis 1.27 e 2.24, afirmando o bom plano original e imutável de Deus para o casamento de um homem e de uma mulher a quem Deus uniu e que ninguém pode separar.

Mas (talvez sejamos parecidos com eles!) os fariseus não estavam satisfeitos: "Replicaram-lhe: Por que mandou, então, Moisés dar carta de divórcio e repudiar? Respondeu-lhes Jesus: Por causa da dureza do vosso coração é que Moisés vos permitiu repudiar vossa mulher; entretanto, não foi assim desde o princípio (Mt 19.7-8).

Jesus explica que a lei nos casos de divórcio falava a um mundo caído, cheio de corações endurecidos. Tais leis não aprovavam o pecado, mas pressupunham sua existência; elas ainda mostravam o caráter misericordioso de Deus em meio a tudo isso. Deus não somente manda seu povo levar uma vida santa e sem pecado, como também abre caminho para lidar com as ocasiões em que eles estavam aquém de suas exigências. A grande misericórdia de Deus é revelada plenamente em seu Filho, que veio, finalmente, curar nossa carência: Jesus cumpriu perfeitamente a lei em sua vida, para, então, oferecer a si mesmo como o perfeito sacrifício por nossos pecados em sua morte.

Um caso da misericórdia de Deus
À medida que vamos avançando em Deuteronômio 21.10-14, esta é uma pergunta útil: no meio dos corações endurecidos de pessoas em guerra, como Deus demonstrou seu caráter de misericórdia? Em primeiro lugar, de acordo com essa jurisprudência, o modo como os israelitas tomavam as mulheres cativas teria de ser diferente do modo como as nações vizinhas tratavam as mulheres dos povos conquistados. Nas culturas do Oriente Médio, o estupro era comum; na guerra, o estupro era esperado. As mulheres eram rotineira e brutalmente abusadas sexualmente nos campos de batalha e nas casas para onde eram levadas. Quando os efeitos do pecado, declarados em Gênesis 3, desenrolam-se ao longo da história, o governo dominador dos

homens manifesta-se com matizes de ferimento e gritos de dor. Temos de reconhecer que, em nosso mundo atual, persistem tanto o domínio privado como o aberto, por meio de tráfico sexual, abuso doméstico, guerras contra populações inteiras e assim por diante.

Mas a jurisprudência de Deus limita a atuação do pecado nessa situação. Para o homem israelita que via e desejava uma mulher entre os capturados, as relações sexuais fora do casamento não podiam ser uma opção. A única escolha era o sexo dentro do casamento: "e a quiseres tomar por mulher (Dt 21.11). A lei garantia a dignidade dos seres humanos, criados à imagem de Deus, homem e mulher, por Deus feitos para se tornar uma só carne, como marido e mulher.

Talvez você indague: por que Deus simplesmente não proibia o estupro e a captura das mulheres, sem concessões? Por que ele permitiu, por tanto tempo, que houvesse corações tão endurecidos entre seu povo? Por que se passaram tantos séculos antes de ele mandar seu Filho? Isso, eu não sei. Uma coisa, porém, sabemos: os propósitos de Deus são sempre redentores. Como já vimos, desde o início Deus tinha o plano de redimir o mundo caído e todas as pessoas que nele estavam e que viessem a ele pela fé. Ele desenvolveu esse plano por meio da nação de Israel. E, ao continuar examinando essas leis, veremos vislumbres mais claros de nosso Deus resgatador.

Não apenas o estupro e a brutalidade não eram opções, como também se requeriam algumas práticas que conduzissem ao casamento — práticas que valorizavam e protegiam, de todo modo possível, a mulher que fosse capturada. Cabeça raspada, corte de unhas e troca de roupas parecem ser práticas que a humilhavam ainda mais, mas esse processo, conforme nos diz Paul Copan, permitia que a mulher "tivesse um período de transição para fazer uma quebra exterior e interior em relação a seu modo de vida no passado. Só depois disso é que ela podia ser tomada como esposa".[4] Ela deveria ter pelo menos um mês inteiro, dizia a lei, para vivenciar o luto por seu pai e sua mãe (v. 13). Quer os membros de sua própria família tivessem morrido na guerra, quer não, ela os perdera e precisava de espaço para chorar essa perda. Essas concessões reconhecem e respeitam a dor sofrida na situação dessa mulher; a lei conclama a todos os envolvidos que a vejam como um ser humano que não foi bem tratado até então e que, desse ponto em diante, tem de ser tratado com compaixão.

Ademais, caso o homem mudasse de ideia, a lei determinava que a mulher não podia ser tratada como escrava; ela não podia ser vendida, mas devia ter a liberdade de ir para onde bem entendesse. Ela não podia ser "desonrada" nem tomada novamente contra sua vontade. A lei existia para colocar cercas de proteção à sua volta, mesmo quan-

---

4 *Is God a Moral Monster*, op. cit., p. 120.

do o mundo, de coração endurecido, rejeitava as proteções colocadas desde o princípio. A mão misericordiosa de Deus não está ausente, mesmo quando, por algum tempo, ele permite que mãos pecadoras façam seu trabalho. Nesse caso, diz Deus, o homem que a levar para sua casa tem de assumir a responsabilidade de cuidar dela, de modo a reconhecer sua pessoalidade.

Aqui, nós vemos mais misericórdia. A lei também existe para permitir que o povo de Deus inclua uma mulher estrangeira, tornando-a parte da família de Deus, como aconteceu nos casos mais famosos de Raabe e Rute. Essas mulheres provinham, ambas, de nações inimigas do povo de Deus: Raabe, de Jericó (Js 2.1-3), e Rute, de Moabe (Rt 1.1-5). Suas histórias eram muito diferentes das outras mulheres cativas: tanto Raabe como Rute chegaram à fé no Deus de Israel e, então, escolheram juntar-se a seu povo. Experimentaram a dura realidade do pecado no meio do próprio povo, além de uma partida dramática da terra em que nasceram, mas abraçaram essa partida, a fim de seguir o único Deus verdadeiro. Em contraste, uma mulher cativa era arrancada para longe de seu povo antes de conhecer a Deus. Mas subsiste o fato de que ela fora convidada a conhecê-lo e tornar-se parte de seu povo.

No caso da mulher cativa, o tempo para se despedir de seu passado visava ser também um período de aprendizado sobre o presente, a fim de ela vir a assumir a realidade de passar a integrar essa nova nação. Tal processo a tornaria parte legítima da comunidade do pacto de Deus, membro pleno do povo a quem Deus prometera abençoar, por meio do qual Deus abençoaria o mundo inteiro. Ela teria acesso ao conhecimento de Deus por meio de sua palavra revelada, a fim de adorá-lo da maneira prescrita pela mesma palavra. Deus colocou essa mulher no lugar da bênção. Foi uma bênção sofrida, passando por pecados que nunca aceitaríamos e sofrimentos que não conseguimos nem de longe imaginar — mas não deixou de ser uma bênção.

Sob a perspectiva do céu, o povo de Deus, de todos os tempos e lugares, terá diferentes histórias para contar de como Deus o trouxe até sua família, e essas histórias sempre vão envolver pecado — primeiro o nosso, mas também o de outras pessoas. Essas mulheres cativas, que, pela fé, receberam o dom de Deus da vida eterna, poderão testificar uma providência inexplicável, cheia de profundo sofrimento, mas, ao mesmo tempo, eternamente plena de graça. O Senhor Jesus conhece todo esse sofrimento — Jesus, o Filho de Deus, que carregou nossos pecados e sofreu em nosso lugar as profundezas da ira de Deus, com o objetivo de nos dar a vida.

Leis e graça

A graça de Deus está presente nas leis do Antigo Testamento no que diz respeito às mulheres, tanto no panorama geral como nos menores retratos, bem como na maioria dos detalhes pessoais. É possível encontrar sinais da graça, por exemplo, nas leis cerimoniais sobre menstruação e nascimento de filhos. Por que Deus chamaria uma mulher de "impura" quando tinha seu período mensal de menstruação? Por que Deus daria uma lei afirmando: "A mulher, quando tiver o fluxo de sangue, se este for o fluxo costumado do seu corpo, estará sete dias na sua menstruação, e qualquer que a tocar será imundo até à tarde" (Lv 15.19)? Duas coisas nos ajudam aqui: primeiro, se lermos todo o capítulo 15 de Levítico, encontraremos igual atenção dispensada aos fluxos de reprodução do homem, com igual contaminação e exigências idênticas de purificação.

Deus não tem em vista atacar as mulheres; ele busca comunicar algo sobre a pureza e a impureza entre todas as pessoas. E esse "algo" não tem a ver apenas com a proteção de seu povo em relação a doenças de fácil contágio por meio de sangue e sêmen, embora esse fosse um bom efeito dessas leis.

O segundo ponto, que é maior, é o seguinte: por meio dessas leis cerimoniais, Deus estava comunicando sua santidade e sua misericórdia. Temos de ler Levítico para compreender as detalhadas exigências de purificação e sacrifício de sangue, todas apontando para o modo como nosso pecado nos desqualifica para chegar ao Deus santo. Para que nos aproximemos de Deus em adoração, o pecado tem de ser tratado — e, por sua misericórdia, Deus proveu um caminho.

Os fluxos de sangue e sêmen não são más em si mesmos. Eles eram símbolos de impureza. O sangue representa vida: "Portanto, a vida de toda carne é o seu sangue" (Lv 17.14). Assim, a perda de sangue, como ocorre no sangramento de uma mulher, era associada diretamente à morte — a morte que caiu sobre a raça humana como juízo de Deus pelo pecado. Esses rituais de purificação do Antigo Testamento apontam para trás, para a Queda, e para a frente, para o Senhor Jesus, que derramou seu sangue para nos purificar do pecado e nos dar a vida eterna. No Capítulo 8, veremos Jesus recebendo uma mulher desesperada, que tinha um sangramento crônico e, com fé, o tocou e foi por ele curada. Essas leis do Antigo Testamento nos ajudam a entender a beleza desse cenário.

Tudo isso leva a uma explanação razoável para as exigências em Levítico 12.1-8, que pode parecer-nos um caso frontalmente sexista: a mulher tinha de permanecer afastada como "impura" duas vezes mais tempo depois do nascimento de uma filha (oitenta dias) do que ocorria no nascimento de um filho homem (quarenta dias). Claramente, o sangramento da mãe após o parto seria o mesmo em qualquer um dos casos. Por que, então, a duração era diferente para cada caso? Bem, possivelmente porque a filha, fêmea, também estaria associada ao sangue em seus posteriores períodos mensais de menstruação. Também é possível que a exclusão mais longa do templo em relação às meninas enfatizasse a separação dos israelitas dos rituais de fertilidade e prostituição cultual, comuns nos templos cananeus.[5] Falaremos mais sobre a gestação e o ato de dar à luz no Capítulo 6; por ora, começamos a ver como os detalhes dessas leis do Antigo Testamento sobre as mulheres, quando as examinamos, mostram vislumbres da luz repleta de graça.

Um período sombrio: Juízes e Jefté

Todas essas leis não tornavam o povo de Deus mais santo. Um dos períodos mais sombrios da história do Antigo Testamento vem logo após a entrada do povo de Deus na Terra Prometida, quando juízes governaram — e as leis de Deus foram esquecidas.

A descrição repetida no livro de Juízes ecoa e mostra qual era a situação: "Naqueles dias, não havia rei em Israel; cada qual fazia o que achava mais reto" (17.6; 21.25).

Descrição é a palavra-chave para essas narrativas perturbadoras: os atos de maldade do povo de Deus não são prescritos nem recomendados como exemplos a ser seguidos; eles são descritos como prova dos modelos de queda em espiral descendente, da rebeldia pecaminosa contra Deus. Cada líder e cada episódio neste livro são piores que

---

5 *Is God a Moral Monster?*, op. cit., p. 106. Copan também oferece outra sugestão: uma filha ainda é associada ao sangue por meio de um discreto corrimento vaginal de sangue comum em meninas recém-nascidas, "devido à retirada do estrogênio da mãe, quando a menina sai do ventre materno".

os anteriores. O que era "mais reto" aos próprios olhos das pessoas trazia tão somente "o que era mau perante o Senhor" (2.11; 3.7; 3.12; 4.1; 6.1; 10.6; 13.1).

O livro de Juízes mostra, vívida e dramaticamente, os efeitos nocivos da Queda. Conforme Deus havia declarado em Gênesis 3, tragicamente esses efeitos são vivenciados no modo como as mulheres e os homens tratam uns aos outros. Na história de Sansão, por exemplo, vemos um homem forte derrubado por uma mulher cujo desejo era contrário a ele. Na história de Jefté, vemos uma jovem mulher sem ajuda, sendo "governada" sem misericórdia por seu pai.

É difícil aceitar a história de Jefté. Está clara a trama básica em Juízes 11 — e essa trama é chocante. Jefté, a quem Deus usou como poderoso guerreiro contra os inimigos de Israel, faz um voto inexplicavelmente precipitado e irresponsável: se Deus permitir que ele destrua na batalha os inimigos amonitas, ele sacrificará em holocausto o que (ou quem; o referente é controverso) cruzar primeiro a porta de sua casa quando ele voltar vitorioso (11.30-31). Será que ele esperava sacrificar um animal ou estava seguindo o exemplo das nações que ele levara Israel a conquistar, praticando o sacrifício humano para apaziguar deuses irados?[6]

A Bíblia não revela isso. O que ela diz é que, quando a filha de Jefté sai, alegre, ao seu encontro, dançando ao

---

6 O sacrifício humano (em especial, o sacrifício de crianças) era explicitamente proibido na lei que Deus dera a seu povo: veja Levítico 18.21; 20.1-5; Deuteronômio 12.31; 18.10.

som de tamboris, ele não desiste do voto impensado (conforme a lei de Deus previa; veja Lv 5.4-6). Podemos imaginar que Jefté, ele mesmo filho ilegítimo que outrora havia sido rejeitado, fosse fazer qualquer coisa no mundo para proteger seu único descendente, uma filha. Em vez disso, depois de lhe conceder dois meses para chorar com as amigas sobre o destino final de jamais vir a ter filhos, ele "lhe fez segundo o voto por ele proferido" (Jz 11.39).

Isso tudo é sombrio, muito sombrio. E só vai piorar.

Nos dias em que não havia rei

A última e mais sombria das seções deste mais sombrio livro bíblico tem início no Capítulo 19, com um levita viajante. Esse levita e sua concubina (uma espécie de amante em longo prazo) passam a noite em Gibeá, onde esperam encontrar segurança entre os habitantes da tribo de Benjamim, todos israelitas como eles. Mas ali não existe segurança. Quando, à porta da casa de seu anfitrião, ele se vê ameaçado por uma gangue de benjamitas gritando que queriam estuprá-lo, esse levita manda para fora a concubina para ser estuprada e abusada a noite inteira. Pela manhã, ele a encontra agarrada ao batente da porta e diz apenas: "Levanta-te, e vamos". Colocando-a sobre seu jumento, ele viaja para casa, onde esquarteja o corpo morto da mulher, despedaçando-a "por seus ossos em doze partes", os quais ele envia para todo o Israel (19.22-29).

OS LUGARES MAIS SOMBRIOS

Enquanto digito essas palavras, novamente é difícil acreditar que estão na Bíblia, descrevendo atos de pessoas que foram chamadas por Deus para ser seu povo. É algo chocante e repugnante. Como Deus pôde permitir algo assim?

O pior está guardado para o final de Juízes, envolvendo o terrível tratamento dispensado a uma mulher por alguém que, supostamente, era um líder religioso. A história de uma gangue furiosa à porta, decidida a estuprar, lembra a cidade maléfica de Sodoma (Gn 19.1-9) — só que aqui não é Sodoma; esses são israelitas. Este é o ponto: o próprio povo de Deus rebaixou-se a esse estado. Sem rei, querendo apenas fazer o que estava certo diante dos próprios olhos, os seres humanos caídos vão destruir uns aos outros, cada vez mais, e os homens destruirão as mulheres das formas mais cruéis. A criação original dos seres humanos à imagem de Deus mostrava-lhes estar em perfeita harmonia como homens e mulheres. Sua rebeldia mais profunda traz a mais feia reviravolta de dentro para fora dessa harmonia.

Não há resolução verdadeira em Juízes — somente maldade sobre maldade, até mesmo mais estupros. O livro conclui: "Naqueles dias, não havia rei em Israel; cada um fazia o que achava mais reto" (Jz 21.25).

Esse livro [Juízes] (e toda a Bíblia) pede-nos para abrir os olhos e ver o mundo não como o imaginamos, mas como de fato é: caído, cheio de pecado, com uma desesperada necessidade de ser resgatado. O que mais surpreende é que Juízes (e toda a Bíblia) aponta-nos para o resgate. Por mais difícil que seja imaginar, o povo de Juízes realmente é aquele por meio do qual Deus prometeu realizar seu grande resgate da raça humana. Quando o lemos, temos vislumbres da natureza resgatadora de Deus. Em todo o livro de Juízes, quando o povo de Deus se rebela, sua ira queima contra o pecado, e ele os entrega nas mãos das nações inimigas. Mas o que é verdadeiramente surpreendente é que, cada vez que o povo de Deus volta para ele e clama, ele os ouve. Ele se importa com a miséria pela qual eles passam. Ele levanta libertadores do meio deles. Mostra-lhes misericórdia. E sua misericórdia atinge até o mais baixo. Juízes é um livro sobre o resgate de Deus de seu povo pecador vez após vez, repetidamente, por meio de salvadores horrivelmente imperfeitos que nos deixam almejando, ansiosos, aquele que é perfeito. Esse Salvador livra seu povo para sempre dos inimigos; o Salvador os salva do pecado ao levar sobre si a ira de Deus que eles mereciam. O Antigo Testamento vividamente nos mostra a necessidade desse Salvador, de um Rei como este.

Enxergando luz na escuridão

O Antigo Testamento está repleto de lugares funestos. Nesses lugares, encontramos muitas mulheres sofrendo, com frequência nas mãos dos homens. Sentimos profundo pesar quando vemos isso. E, quanto mais olhamos, mais percebemos uma paisagem sombria que se estende, cheia de seres humanos, homens e mulheres, todos vivendo a ruptura da Queda. E vemos a nós mesmos nessa multidão.

Contudo, ao olhar para essa escuridão, encontramos o brilho da misericórdia de Deus. Lembramo-nos da promessa da semente lá no Éden. Conhecemos e nos maravilhamos com o fato de Deus haver cumprido essa promessa por meio da nação de Israel. Celebramos o fato de que, em Cristo, a promessa foi cumprida — a luz veio ao mundo. E, por intermédio do Filho de Deus, o resgate foi realizado.

Ainda hoje, o mundo tem lugares profundamente escuros. Nossas vidas também. O pecado e a morte foram vencidos, mas não ainda banidos. Apesar disso, podemos andar na luz, pela fé — pois Deus não é trevas; é luz. Nosso Deus misericordioso nos resgatou das trevas.

5 MULHERES FORTES

Cresci sem refletir sobre como minha mãe é uma mulher forte. Ela era apenas minha mãe — descomplicada, realista, exigente, sempre pronta a encorajar a mim, meu pai e minha irmã, sempre ocupada com várias tarefas.

Mamãe era professora da sexta série na escola que eu frequentava. Não parecia estranho vê-la de longe na sala dos professores, de pé diante da classe ou corrigindo provas à sua mesa. Durante muitos anos, ela foi diretora do coral da igreja. Não me parecia estranho vê-la, todo domingo, balançando os braços e conduzindo um grupo de um total de quarenta homens e mulheres. Ela também era uma cozinheira excelente. Ela e meu pai eram muito eficientes juntos como anfitriões, refeição após refeição, especialmente quando serviam estudantes ou visitas no seminário em que meu pai ensinava. Papai era um incrivelmente rápido descascador de batatas, enchedor da máquina de lavar louças e, em tudo, apoiador incondicional dos dons de minha mãe. Ela recebeu muitos dons. Olhando para trás, vejo com mais clareza ainda que ela soube usá-los bem. Ela era, e é, uma mulher forte e piedosa.

Diga sim às mulheres fortes

Neste capítulo, meu objetivo é gritar um retumbante "Sim!" às mulheres piedosas e fortes como um presente de Deus. Se você estiver lendo estas linhas e se considera uma mulher forte, talvez com dons de liderança, talvez ainda esteja lutando para descobrir seu lugar na igreja. Por favor, não chegue à conclusão de que não existe um lugar para você.

Gênesis 1 e 2 mostraram um relacionamento ordenado entre homem e mulher, e nós veremos mais acerca dessa ordem nos capítulos 9 e 10, pois o Novo Testamento fala especificamente sobre casamento e igreja. Ao prosseguir, é preciso tomar cuidado para evitar dois extremos: por um lado, o extremo de tomar a ordem de Deus levianamente; de outro, o extremo de usar a ordem de Deus para impor regras e regulamentações que extrapolam o que a Bíblia realmente diz. Por exemplo, tomamos levianamente a ordem de Deus quando falamos de nossa identidade apenas em função de termos sido criados à imagem de Deus, diminuindo a importância de sermos portadores de uma imagem distinta, ou masculina ou feminina.

Mas podemos facilmente ir ao outro extremo: podemos fixar-nos tanto nas distinções de homem e mulher que elas se cristalizam em categorias que separam, em vez de complementar, e que confinam, em vez de promover crescimento à imagem de Deus. Inúmeras mulheres se destacam nas Escrituras e nos ajudam a evitar esses extremos. Débora, do livro de Juízes, é uma delas — e o nosso foco principal neste capítulo. Débora não se encaixa em algumas categorias às vezes associadas a mulheres submissas à palavra e à ordem de Deus. Veremos, porém, que ela abraça a palavra e a ordem de Deus. De fato, a grande ideia de Juízes 4 e 5 não é a grandeza de uma mulher, mas a grandeza do Senhor Deus, a quem ela serve. Débora oferece um exemplo imensamente encorajador de uma mulher forte que serve ao Senhor, que respeita e exorta os líderes masculinos ao seu redor, e que, de todo o coração, abraça a obra que Deus coloca diante dela.

Débora nos desafia a considerar que a existência de uma criação ordenada de homem e mulher, feitos igualmente segundo a imagem de Deus, deixa mais espaço para o crescimento e o fortalecimento de homens e mulheres mais que a maioria de nós tem o hábito de imaginar. Às vezes, Débora é ignorada ou até mesmo preocupam-se demais com ela — principalmente aqueles que querem afirmar papéis de ordem masculina e feminina no casamento e na igreja. Por outro lado, às vezes Débora é exibida por aqueles que desejam afirmar a igualdade dos papéis e o valor essencial de homens e mulheres como portadores da imagem de Deus. Nenhuma dessas abordagens resulta em algo bom.

Vamos olhar Débora mais de perto, conforme o escritor de Juízes nos apresenta. Ela é a quarta entre os juízes nomeados no livro, apresentada sem muitos comentários: "Débora, profetisa, mulher de Lapidote, julgava a Israel naquele tempo" (Jz 4.4). Falaremos a respeito de seu papel profético daqui a pouco; aqui, é seu papel de julgadora que, de início, se enfatiza. Ela "atendia debaixo da palmeira de Débora, entre Ramá e Betel, na região montanhosa de Efraim; e os filhos de Israel subiam a ela a juízo" (Jz 4.5). Não era comum uma mulher julgar em Israel; todos os juízes que cercam Débora nesse livro eram homens. Definitivamente, Débora se destaca. E a beleza é que ela se destaca não como uma pobre substituta, mas, sem dúvida, como a líder mais piedosa do livro de Juízes.

Débora também é apresentada como esposa, mas não nos é dito mais nada sobre Lapidote, seu marido, se eles tinham filhos ou como Deus teceu os diversos estágios e responsabilidades de sua vida. Na canção de Débora (Jz 5), ela se identifica como "mãe em Israel" (5.7) — provavelmente uma descrição metafórica: que mostra um lindo painel do papel de Débora de levantar e sustentar aqueles ao seu redor na família do povo de Deus. A Escritura brilha sua luz quanto à forma como Débora serviu ativamente a essa família, entregando-se ao ato de servir ao Senhor Deus.

Força verdadeira: servindo a Deus em tempos difíceis

Débora servia ativamente a Deus em um contexto realmente desafiador. Seu mundo estava repleto da pior espécie de rebaixamento moral e cultural. Vimos alguma coisa sobre o contexto miserável de Juízes no último capítulo; conhecemos o tipo de maldade que estava aumentando entre o povo de Deus. Débora servia a Deus enquanto se via cercada de homens que não serviam a ele. Juízes 4 começa com o seguinte refrão: "Os filhos de Israel tornaram a fazer o que era mau perante o Senhor, depois de falecer Eúde" (4.1) — e dessa vez, o Senhor os entregara nas mãos do rei cananeu e de seu comandante militar Sísera. O povo de Deus sofria sob a cruel opressão de Sísera, com suas novecentas carruagens de ferro. Era um homem que nutria a visão prevalecente das nações, no sentido de que as mulheres eram "espólio" de batalha — "um ou dois ventres para cada homem" (5.30). No meio dessa turbulência toda, ali se assenta Débora, debaixo de sua palmeira, administrando firmemente a justiça de Deus. É uma imagem realmente surpreendente.

Ao levantar Débora e incluir essa história em sua palavra inspirada, Deus envia uma mensagem encorajadora sobre as mulheres e seu potencial de servir a Deus de maneira ativa, até mesmo em meio às piores maldades. Já vimos que, quando a maldade não é restringida, com frequência as mulheres são as maiores vítimas da opressão da parte de homens cruéis. Contudo, algumas das luzes mais brilhantes surgem nesses lugares mais tenebrosos da história da salvação, provenientes de mulheres que são chamadas para servir a Deus, e que o fizeram fielmente, desempenhando papel crucial na história da redenção.

Podemos nos lembrar de Raabe, cercada de forma semelhante — em seu caso, por toda uma cidade de incrédulos em Jericó, os quais praticavam a pior espécie de maldade uns contra os outros (veja Js 2). Raabe era prostituta, participante de uma cultura pecaminosa. Surpreende o fato de que, entre todas as pessoas em Jericó, Deus tenha atraído para si essa mulher. Por sua graça, Raabe voltou sua fidelidade ao único Deus verdadeiro, protegendo os espiões enviados pelo povo de Deus e, por fim, tornando-se parte dessa linhagem, da qual viria o Salvador prometido.

Algumas gerações mais tarde, na época dos juízes, Rute surgiu de uma cultura sem Deus e ouviu o chamado de seguir o único Deus verdadeiro. Na providência divina, ela encontrou e casou-se em uma família do povo de Deus que se encontrava forasteira em seu país, Moabe — mais tarde, como viúva, acompanhando sua sogra, também viúva, ela voltou a Belém de Judá.

O livro que traz seu nome oferece um vívido vislumbre da boa mão de Deus sobre seu povo mesmo nesse obscuro período de desobediência, especificamente por meio de servos piedosos como Rute e Boaz, o homem que amou e protegeu essa mulher piedosa. Esses todos são como luzeiros em meio às trevas. A existência de uma Rute, de uma Raabe ou de uma Débora em contextos tão desafiadores mostra, certamente, muito a respeito dessas mulheres de fé — e mostra ainda mais sobre o Deus fiel em quem elas confiavam e a quem serviam.

Em que tipo de contexto Deus colocou você para servir a ele? Você talvez seja abençoada por gente piedosa e encorajadora ao seu redor — ou talvez a cada dia esteja enfrentando atitudes e ações ímpias que enchem o caminho de lutas. Talvez seja uma luta com colegas de trabalho que desprezam seus valores ou, quem sabe, a invasão da pornografia em seu lar e sua família. Perto de casa e na cultura que nos cerca, como crentes, vivemos constantemente confrontados por toda a espécie de "maldade aos olhos do Senhor". Histórias de mulheres como Débora nos lembram como Deus usa pessoas fiéis, incluindo mulheres fortes e piedosas, para seus bons propósitos, até mesmo em meio às circunstâncias mais sombrias.

Qual era, porém, a origem da força de Débora? Ninguém entre nós é bom ou forte por capacidade própria. Débora também não fingia ser. Por mais forte que fosse, Débora não iria simplesmente surgir das sombras como uma heroína brilhante e forte. E nós podemos nos alegrar com isso, pois somos seres humanos normais, pecadores como ela. Temos de ouvir a história dessa mulher e ver como ela trouxe luz a um tempo obscuro que fez parte da história em que Deus a colocou.

Servindo a Deus ao falar sua palavra

Débora era uma serva de Deus ativa em meio a um mundo tenebroso, *declarando fielmente sua palavra*. Ela é chamada "profetisa" — alguém que leva a palavra de Deus às pessoas por ele indicadas. Débora não foi a única mulher nesse papel — outras mulheres exerciam dons proféticos nos tempos do Antigo Testamento. Miriã, irmã de Moisés, foi outra líder e profetisa — que também entoou um cântico (Êx 15.20-21). O rei Josias, de Judá, mandou que o sacerdote Hilquias inquirisse Hulda, a profetisa (2Rs 22.14). A esposa do profeta Isaías é chamada profetisa (Is 8.3). Conforme discutiremos no Capítulo 10, toda a trajetória da Escritura afirma mulheres e homens juntos na atividade da profecia (veja, por exemplo, At 2.14-21; Jl 2.28-32; 1Co 11.4-5).

Ora, ser porta-voz de Deus não infere automaticamente a piedade; Deus falou até mesmo por meio de um asno (Nm 22.28). No caso de Débora, podemos vê-la falando as palavras de Deus com fidelidade e força evidentes. Não foi por acaso que o Espírito Santo a inspirou a compor (talvez com Baraque, talvez sozinha) a canção de louvor ao Senhor que tem lugar de destaque nessa história e para sempre nas Escrituras, em Juízes 5. Débora ama o Senhor e conclama outras pessoas para que tenham esse mesmo amor. Ela encerra sua canção com estas palavras animadoras dirigidas ao Senhor Deus: "Porém os que te amam brilham como o sol quando se levanta no seu esplendor" (Jz 5.31).

Ao longo de toda essa história, Débora evidencia consciência constante de Deus. As palavras dela estão repletas de Deus e de suas palavras. Para minha vergonha, talvez porque eu estivesse tão concentrada em Débora, eu havia me esquecido de como essa história trata totalmente de Deus! Débora manda vir Baraque não para dar uma ordem partindo dela, mas a ordem de Deus: "Porventura, o SENHOR, Deus de Israel, não deu ordem, dizendo: Vai, e leva gente ao monte Tabor, e toma contigo dez mil homens dos filhos de Naftali e dos filhos de Zebulom?" (Jz 4.6). Ela não é a comandante; ela é quem comunica a mensagem de Deus — é isso que os profetas fazem. Em um ponto crucial do ataque militar, o clamor à ação feito por Débora é sobre o que Deus faz: "Dispõe-te, porque este é o dia em que o SENHOR entregou a Sísera nas tuas mãos; porventura, o SENHOR não saiu adiante de ti?" (4.14). Quando Baraque lidera a investida, é-nos dito exatamente de quem foi a vitória: "E o SENHOR derrotou a Sísera, e todos os seus carros, e a todo o seu exército a fio de espada, diante de Baraque" (v. 15). Essa é uma história sobre um Deus maravilhoso. Ele é o Deus que derrama sua Palavra e, então, a realiza infalivelmente.

O QUE DEUS DIZ SOBRE AS MULHERES

Nesse caso, Deus escolheu derramar sua revelação por meio de Débora, que a comunica com poder e beleza. No cântico de Débora, descobrimos que Deus trouxe tempestade e chuva, fazendo todas as carruagens pesadas de Sísera atolar na lama. Mas sua canção não desvenda apenas os eventos da natureza; ela revela o supreendente e maravilhoso Deus da natureza — sobre ele é que os olhos de Débora se fixam, e ela nos mostra Deus por meio de suas palavras. Débora diz "cantarei ao SENHOR" (5.3), e o faz, vívida e pessoalmente. Ela mostra uma imagem de Deus saindo para guerrear, sacudindo a terra, fazendo as montanhas tremerem e os céus derramarem suas águas. As imagens (bem como uma referência ao Sinai) ecoam uma linguagem usada com frequência na Escritura para descrever a libertação, por Deus, de seu povo do Egito ao dividir o mar Vermelho. Débora absorveu profundamente a história das obras salvadoras de Deus; e essa história ecoa neste poderoso poema, exaltando o Senhor que vem libertar seu povo: "Saindo tu, ó SENHOR, de Seir, marchando desde o campo de Edom, a terra estremeceu; os céus gotejaram, sim, até as nuvens gotejaram águas. Os montes vacilaram diante do SENHOR, e até o Sinai, diante do SENHOR, Deus de Israel" (Jz 5.4-5).

Se existe algo a aprender com a história de Débora, é que devemos ter nossa mente e nossas palavras repletas do Senhor Deus. Débora recebeu o grande dom de ser profetiza e de falar diretamente a palavra de Deus; hoje, temos recebido a palavra completa de Deus nas Escrituras, de modo que cada um de nós possa alimentar-se dela, amá-la, deixar que ela dê sabor e forma a todas as palavras que proferimos aos outros, no contexto em que Deus nos chama a falar.

Quanta misericórdia vemos no fato de Deus, quando aconteceu a Queda, não haver cessado de falar a nós, seres humanos. Ele não nos deixou em silêncio mortal. Continuou dando suas palavras e promessas — todas iluminando a verdade da libertação, realizada finalmente mediante seu Filho, o Verbo encarnado (Jo 1.1, 14). A Bíblia não é uma coleção de verdades acadêmicas secas a ser aprendidas; é Deus falando conosco, revelando-se a nós em palavras vivas e atuantes, sopradas por seu Espírito. Débora aponta nossos corações ao Deus vivo, que se revela por palavras vivas. Quanto você está vivendo por essas palavras? Está se alimentando regularmente e com profundidade, a fim de alimentar toda a gente faminta que está à sua volta? Quando você fala, está transmitindo o amor que tem por nosso maravilhoso Senhor Deus?

Servindo a Deus ao servir aos líderes

Débora serviu a Deus de maneira ativa em um contexto desafiador, ao declarar com fidelidade sua palavra e *servindo bem aos líderes que a cercavam*. Há muita clareza no chamado de Débora da parte do Senhor a Baraque, no sentido de livrar o povo de Deus de seus inimigos na batalha. Ela respeita e atende ao papel de Baraque como libertador de seu povo. Baraque é citado junto a diversos outros juízes em Hebreus 11.32 — e eu não acredito que Débora se importasse com isso. Na verdade, era o que Débora queria: ela chamou Baraque para assumir a liderança que Deus havia declarado. Essa mulher não somente entrega a palavra de Deus, como também atua por meio dela. Quando Baraque recusa-se a batalhar sem ela (4.8), sem hesitar, ela concorda em acompanhá-lo; ela se dispõe a ser sua ajudadora. Ela é alguém que levanta os líderes de Israel.

Débora dá, porém, uma palavra do juízo de Deus sobre a resposta um tanto hesitante de Baraque; Baraque pede maior segurança que a simples palavra de Deus, o que leva Débora a dizer a ele: "pois às mãos de uma mulher o Senhor entregará a Sísera" (4.9). Qualquer que seja nossa opinião, em nossa perspectiva atual, sobre aquele tempo e lugar, esse juízo teria envergonhado Baraque. A liderança militar pertencia aos homens, e essa tarefa militar deveria ter sido dele como líder.

Não há como negar a tensão masculina/feminina em toda essa história, e o ponto principal dessa tensão não é desvalorizar as mulheres (aqui apresentadas como corajosas e fiéis), mas conclamar os homens (que não estavam assumindo seu papel de liderança). O cântico de Débora deixa isso bem claro. Ela começa positivamente, louvando a Deus pelas vezes em que os líderes homens realmente lideravam: "bendizei ao Senhor! Ouvi, reis; dai ouvidos, príncipes; eu, eu mesma cantarei ao Senhor; salmodiarei ao Senhor, Deus de Israel (Jz 5.2-3).

MULHERES FORTES

Sua canção transborda de louvor pelos homens das tribos que foram para a batalha, mas ela não tem medo de reclamar das tribos que *não* apareceram, não apenas repreendendo-os, como também dando-lhes o severo julgamento de Deus pelo fato de eles não virem "em socorro do SENHOR, em socorro do SENHOR e seus heróis" (5.23).

Então, em contraste, a canção exalta Jael, mulher que cumpriu a profecia julgadora de Deus sobre Baraque em 4.9, ao cravar com um martelo um grande pino de tenda na cabeça de Sísera. Eu sei, isso soa muito violento, até mesmo sanguinolento, para nosso gosto. Mas eu também sei que a maioria de nós encontra certo prazer na facilidade com que Jael teve de usar martelo e pinos de tendas, ferramentas do trabalho das mulheres de montar a tenda. Aos olhos de Débora, a ação de Jael fez parte da libertação do povo de Deus em relação a seus inimigos, e Jael, "bendita entre as mulheres", teve a honra de uma narrativa, quadro a quadro, desse evento, na canção de Débora:

> Bendita seja sobre as mulheres Jael, mulher de Héber, o queneu; bendita seja sobre as mulheres que vivem em tendas. Água pediu ele, leite lhe deu ela; em taça de príncipes lhe ofereceu nata. À estaca estendeu a mão e, ao maço dos trabalhadores, a direita; e deu o golpe em Sísera, rachou-lhe a cabeça, furou e traspassou-lhe as fontes. Aos pés dela se encurvou, caiu e ficou

estirado; a seus pés se encurvou e caiu; onde se encurvou, ali caiu morto (5.24-27).

Ninguém que leia Juízes consegue esquecer essa cena! Jael usa o martelo, e Débora usa as palavras; o bater ritmado de frases rápidas e repetitivas permite-nos sentir o golpe do martelo. Essas duas mulheres emolduram a história do Capítulo 4 e o cântico do Capítulo 5; é uma moldura de mulheres fortes que servem ao Senhor, cercadas por muitos homens não tão fortes assim, que não estão por dentro das coisas.

Débora foi "mãe em Israel"; com palavras cheias de vida, seu alvo era erguer seus príncipes. "Meu coração se inclina para os comandantes de Israel, que, voluntariamente, se ofereceram entre o povo (5.9). Ela serviu da forma mais intensa possível, como ajudadora dos líderes designados por Deus, conforme os dons que Deus lhe dera, no contexto em que ele a colocou. Débora poderia ter desistido de Baraque, liderando, ela mesma, as tropas; e eu acho que havia uma boa chance de ela fazer isso de maneira brilhante. Mas ela não usurpou para si a tarefa que Deus havia chamado Baraque a fazer; em vez disso, ela o ergueu, chamou-o para a palavra de Deus, importou-se com ele e o exortou, e louvou a Deus quando Baraque e os demais líderes corresponderam a esse chamado (v. 2).

Em geral, numa discussão sobre o ministério entre mulheres na igreja, no processo de falar sobre as formas de alimentar e beneficiar-se de mulheres fortes, cheias da palavra, surge o assunto dos homens. De acordo com a minha experiência, os comentários seguem um caminho previsível. Os homens na congregação não se levantam para liderar. Muitos deles não estão crescendo na Palavra tanto quanto as mulheres. É difícil encontrar líderes qualificados. Esses comentários apontam para o fato de que, definitivamente, a maior parte das igrejas precisa de mais atenção ao ministério entre os homens, ao lado de um ministério crescente e vicejante entre as mulheres.

Certamente, os fatores que contribuem para essa necessidade são complexos. Em contextos nos quais presbíteros e pastores são homens, algumas congregações tendem a focar o treinamento bíblico apenas para aquele grupo de homens na liderança, em vez de treinar todos os membros da igreja. Talvez até mesmo entre os presbíteros não exista um treinamento cuidadoso em relação à Palavra a ser transmitida. Entre os homens que não são presbíteros, alguns talvez se preocupem com as questões de seu trabalho e deixem as questões espirituais para outros que parecem ter mais tempo. Alguns maridos podem sentir-se intimidados com o fato de suas esposas estarem crescendo em Cristo e em sua Palavra. Claro, a resposta não seria cercear o crescimento das mulheres, mas estimular e capacitar o crescimento entre todos os homens — na verdade, em toda a congregação.

As mulheres podem ajudar de maneira crucial. Débora é um modelo de encorajamento piedoso e forte dos líderes que Deus chamou. É muito bom quando nós, mulheres, pedimos mais liderança, ou liderança mais substantiva, da parte de pastores e presbíteros — ou conversar com eles sobre as áreas de preocupação. Devemos orar pelos líderes, edificando ativamente tanto aqueles em potencial como os que já se encontram em nosso meio — tendo, por assim dizer, um coração pelos "príncipes de Israel".

Existem extremos que devem ser evitados: agir com manipulação ou mostrar-se invasiva, por um lado, ou fugir para um tipo estereotipado de passividade, por outro. Qualquer extremo será desagradável, não vai ajudar e não será bíblico. O exemplo de Débora, humilde e centrado em Deus, guarda-nos em relação aos dois extremos. Se for verdade, conforme veremos mais adiante, que os homens qualificados são ordenados por Deus como líderes espirituais da igreja, então esses líderes precisam de mulheres que os estejam apoiando ativamente, por amor ao povo de Deus.

Se você que está lendo este livro for um homem na liderança — no casamento e/ou na igreja —, eu oro para que a história de Débora lhe dê forças. Como você pode ajudar as pessoas ao seu redor, mulheres e homens, a crescer na Palavra e no Senhor? Como poderá escutar melhor as pessoas que estão à sua volta, mulheres e homens, que compartilham a sabedoria do Senhor com você? Como poderá encorajar e capacitar tanto mulheres como homens a servir de forma efetiva entre o povo de Deus? Ao assumir uma liderança piedosa, pela graça de Deus, que os homens, as mulheres e as crianças da família de Deus possam crescer e vicejar, para a glória de Cristo, nosso Senhor!

Servindo ao cantar

Finalmente, não podemos perder de vista o fato de que, em meio a tudo isso, Débora serve cantando! Ela escreve e canta sobre a beleza da história escrita por Deus, com toda a sua tensão e toda a sua luta. Afinal, ela canta ao maravilhar-se diante dos caminhos de Deus. Ela enxerga a maravilha da tessitura dessa trama ordenada por Deus, com Sísera vagando para dentro da tenda de uma mulher de nome Jael — e ela canta isso para a glória do Senhor. Na verdade, ela e Baraque cantam juntos para o povo essa melodia. Faz parte do ministério de Débora. Mas não é somente isso; Débora também está disposta a desafiar quem passe por lá sem prestar atenção a esses cânticos: "Vós, os que cavalgais jumentas brancas, que vos assentais em juízo e que andais pelo caminho, falai disto. À música dos distribuidores de água, lá entre os canais dos rebanhos, falai dos atos de justiça do Senhor, das justiças a prol de suas aldeias em Israel. Então, o povo do Senhor pôde descer ao seu lar" (Jz 5.10-11).

É fácil sentir-se tentada a "cavalgar de passagem" na história de Débora, sem parar para digerir os detalhes tanto da história como da canção. Talvez argumentássemos menos e fôssemos mais convictas de coração se reservássemos um tempo para ouvir o coração de Débora em sua canção.

Poderemos "considerar a voz dos cantores". Por que Deus nos dá tantos cânticos, tanta poesia, nas Escrituras? Essas palavras musicais têm um jeito de traspassar, de maneira poderosa, nossas imaginações e nossos corações. Os salmos, hinos e cânticos espirituais nos ajudam a dar um passo para trás, a fim de enxergar, de forma mais ampla, as histórias que estamos vivendo: todas fazem parte da história dirigida por Deus. E nos ajudam a buscar a Deus. Também nos ajudam a louvá-lo, ou louvar suas obras, por sua boa e soberana direção. Com palavras cuidadosamente escolhidas, Débora fazia os olhos das pessoas se voltarem para as maravilhas das obras de Deus. Podemos inquirir para onde nossas palavras apontam os olhos das pessoas — por canções, orações, anotações ou até mesmo simples comentários em conversas.

    O que você vai extrair de Débora? Junto com a maravilha surpreendente de ver a obra de Deus, que seja um ressoante "Sim!" ao presente de Deus de ter mulheres fortes e piedosas dos tempos passados e de agora. Débora tinha qualidades pelas quais podemos orar para que as mulheres e filhas da igreja tenham, pois é o próprio Deus que, por sua graça, por meio de seu Espírito, faz essas qualidades se desenvolverem. Se você é a mulher forte que mencionei no começo deste capítulo — talvez com dons de liderança, talvez lutando para encontrar seu lugar na igreja —, que isso lhe sirva de encorajamento, que Deus a tenha feito e dado dons para que você possa servir a ele com alegria entre seu povo.

Podemos orar e, com a ajuda de Deus, fazer o possível tanto para nos tornar fortes, quanto para alimentar outras Déboras dos dias atuais, fortes no Senhor, que falem sua Palavra sem temor e com grande humildade. Podemos orar e encorajar as mulheres crentes a servir ativamente, conforme a Palavra de Deus, em todo o seu caminho e em todo o papel que ele abrir para elas. Devemos orar e cultivar corações cheios de respeito, oração e encorajamento pelos líderes espirituais ordenados por Deus na igreja.

Também podemos orar para que a Palavra de Deus encha as mentes e os corações das Déboras dos dias modernos, de modo que isso seja expresso em cânticos de louvor! Que a Palavra de Deus permeie todos os nossos ensinamentos, palavras e cânticos, para a glória de Cristo e a bênção de seu povo!

6 MULHERES, SEXO E UMA QUESTÃO DE PADRÕES DUPLOS

"Deixa pra lá o 'não adulterarás'." Foi esse o veredicto oferecido pelo jornal *New York Daily News* em 2014, que reportava os resultados da pesquisa de "Ashley Madison", um serviço digital que ajuda pessoas casadas a encontrar parceiros para ter casos extraconjugais. Essa pesquisa revelou que um quarto de seus usuários identificavam a si mesmos como "evangélicos" — a porcentagem mais alta encontrada entre todos aqueles que responderam à pesquisa.[1] Essa verdade foi dolorosamente evidente quando, em 2015, as contas da Ashley Madison foram *hackeadas* e os nomes

---

1 Victoria Taylor, "Evangelical are the least faithful when it comes to spouses survey suggests". Disponível em nydailynews.com, 3 jun. 2014 (http://nydn.us/1li3IAn). Acesso em 03 out. 17.

de mais de trinta milhões de usuários foram publicamente revelados.

As pessoas ficaram chocadas e envergonhadas com isso tudo, mas não *tão* chocadas ou envergonhadas quanto deveriam. Já vimos demais. Quantas dúzias de filmes no cinema e na TV têm atraído até mesmo cristãos, entorpecendo as mentes para o fato de que estávamos assistindo a sexo fora do casamento? (Não somente assistindo, como também nos sentindo felizes por heróis e heroínas apaixonados que realizam algo fora do casamento.) O que dizer de nosso amigo, empresário cristão bem-sucedido, que abandonou a esposa para se juntar a outra mulher, mas mantém seu sucesso, contribui generosamente para a comunidade e dá bons empregos para muita gente... nós não tendemos, depois de um tempo, a diminuir ou nos esquecer do adultério que ele cometeu? O que dizer dos muitos estudantes que simplesmente não conseguem entender por que cristãos mantêm padrões sexuais tão ultrapassados, claramente representando apenas a repressão — que lhes parece desnecessária, desde que surgiram métodos anticoncepcionais efetivos?

Sites baseados nos Estados Unidos que quantificam comportamentos assim geralmente reportam que, em cerca de um terço de todos os casamentos, um parceiro (ou ambos) afirma já ter traído o outro.[2] Uma fonte de notícias do

---

[2] "Infidelity Statistics 2017: Why, When, and How People Stray", 01/02/2017. Disponível em trustify.info/blog/infidelity-statistics-2017. Acesso em 25 maio 17.

Reino Unido reporta que pouco menos de um terço dos homens e das mulheres britânicos consideram um caso extraconjugal algo que acrescenta tensão ao relacionamento; em outras palavras, não é um problema tão grave assim.[3] Mas, se você estiver lendo isso e, de uma forma ou de outra, já experimentou adultério, sabe que as estatísticas não revelam a história toda. Talvez você esteja passando pela experiência sofrida de ter sido traída ou talvez esteja vivenciando a culpa de haver traído. Talvez esteja em um relacionamento sem ser casado(a), lutando para entender como sexo e compromisso caminham juntos — ou não.

Em Gênesis, vimos que Deus nos projetou como homens ou como mulheres desde o princípio; sabemos que ele se interessa por essas questões em seus detalhes. Sabemos que ele estabeleceu o casamento entre um homem e uma mulher, e abençoou essa união. Conhecemos, claramente, o sétimo dos Dez Mandamentos: "Não adulterarás" (Êx 20.14). Contudo, nós, cristãos, lutamos com questões de ética sexual; lutamos com a pureza e lutamos ao falar a esse respeito. Hesitamos, talvez: na era Ashley Madison, seríamos demasiadamente críticos? Será que realmente deveríamos continuar a viver como se as relações sexuais fossem uma dádiva de Deus, destinadas somente a um homem e

---

3   John Bingham, "Adultery Not a Problem for Most Britons", *The Daily Telegraph*, 12/2/15. Disponível em http://bit.ly/2fHqPam. Acesso em 03 out. 17.

uma mulher dentro dos laços do casamento? Podemos perguntar: será que essas questões não teriam melhor solução em privado, individualmente, diante de Deus, que, com certeza, entende nossas necessidades e deseja nossa felicidade?

Com isso em mente, quero convidar você a se posicionar junto à multidão que cerca Jesus quando uma mulher sozinha é arrastada diante dele — uma mulher que merece a morte por apedrejamento, dizem seus acusadores, de acordo com a lei de Moisés. A pergunta que eles fazem a Jesus paira no ar: "tu, pois, que dizes?" (Jo 8.5). Ali está, cabisbaixa, essa mulher, à espera de sua resposta.

Que tipo de misericórdia?

Embora essa passagem não esteja nos manuscritos mais antigos, a maior parte de nossas Bíblias inclui João 7.53–8.11, pois os estudiosos, em sua maioria, tomam esses versículos como um verdadeiro encontro, se não parte legítima das Escrituras. A cena se desenrola nos átrios do templo, onde todo o povo estava reunido para ouvir Jesus ensinar. Trata-se de uma cena vivaz, repleta de emoção — provavelmente chocante para muitos nos dias atuais, que consideram difícil imaginar uma mulher sendo apedrejada por haver cometido adultério. Entram aqui os mestres da lei e os fariseus (especialistas em Antigo Testamento) com essa mulher, a quem colocam contra todo o grupo e acusam ter sido flagrada em ato de adultério. Por muitos anos, a maioria de nós tem tomado, sem questionar, as palavras dos fariseus: "E na lei nos mandou Moisés que tais mulheres sejam apedrejadas" (8.5).

Cá estamos novamente na lei do Antigo Testamento.[4] Temos de perguntar: será que os fariseus representam bem as instruções de Deus dadas por intermédio de Moisés? A cena parece brutalmente severa, e parece injusto e sexista o que esses fariseus dizem. Essa mulher é arrastada sozinha, em humilhação, diante desse grupo no pátio do templo, acusada de um pecado que claramente envolvia duas pessoas. Quando ela foi flagrada no ato (v. 4), certamente havia um homem com o qual estava agindo! Ele fugiu da cena? Eles o deixaram desaparecer? Estão falando a verdade? Por que esses homens dizem somente que a lei condena essas *mulheres*? Jesus não a condena. Ele se abaixa e começa a escrever no chão com o dedo. Está calado, mas os orgulhosos cumpridores da lei ainda exigem uma resposta.

Na verdade, eles não se importam com a mulher nem com a guarda da lei; estão "tentando-o, para terem de que o acusar" (v. 6). Quanta ironia! Dissemos no Capítulo 4 que a lei do Antigo Testamento reflete o caráter do Deus que a deu. Aqui nessa cena, o mesmo Deus está presente em carne, e esses homens tentam usar sua lei para solapá-

---

4 Por "Lei", os fariseus estavam se referindo à Torá — o que chamamos Pentateuco, os primeiros cinco livros da Bíblia. Referiam-se também à lei dada dentro dessa Lei: por exemplo, o conjunto de leis dadas por Deus a seu povo, conforme falamos no Capítulo 4.

-lo, acusá-lo e destruí-lo. Mas a armadilha não o pega. Jesus, finalmente, endireita o corpo e fala: "Aquele que dentre vós estiver sem pecado seja o primeiro que lhe atire pedra" (v. 7). Dito isso, ele volta a escrever no chão, ignorando-os. Eles, então, saem de fininho, um a um. Vem, então, a misericórdia. "Ninguém te condenou?", pergunta ele à mulher. "Ninguém, Senhor", responde ela, ao que o Senhor replica: Nem eu tampouco te condeno; vai e não peques mais" (vv. 10-11).

Mas espere — antes de abraçarmos essa terna misericórdia de Jesus aqui (e é, de fato, misericórdia terna), temos de perguntar sobre essa lei. De acordo com o Antigo Testamento, essa mulher não deveria ser apedrejada? Por que Jesus, Filho de Deus, a poupou? Sua resposta misericordiosa implicava que as leis do Antigo Testamento sobre adultério seriam más ou estariam erradas? Voltemos para encontrar duas importantes verdades a respeito da lei do Antigo Testamento e o tratamento dispensado às mulheres envolvidas em sexo fora do casamento.

Responsáveis igualmente

Deuteronômio 22.13-30 é uma passagem-chave e oferece uma série de situações e leis que nos ajudam a formar observações claras a respeito das mulheres e do sexo fora do casamento.

A primeira delas é que, em geral, as mulheres e os homens *eram igualmente responsáveis* pelo pecado do sexo extraconjugal. A mulher não era isenta da responsabilidade, nem sua responsabilidade era maior. Ela compartilhava tanto a culpa quanto o castigo. Deuteronômio 22.13-19, antes de tudo, trata de proteger uma esposa caluniada e falsamente acusada por seu marido, afirmando haver descoberto que não era mais virgem quando casou com ela:

> Se um homem casar com uma mulher, e, depois de coabitar com ela, a aborrecer, e lhe atribuir atos vergonhosos, e contra ela diulgar má fama, dizendo: Casei com esta mulher e me cheguei a ela, porém não a achei virgem, então, o pai da moça e sua mãe tomarão as provas da virgindade da moça e as levarão aos anciãos da cidade, à porta. O pai da moça dirá aos anciãos: Dei minha filha por mulher a este homem; porém ele a aborreceu; e eis que lhe atribuiu atos vergonhosos, dizendo: Não achei virgem a tua filha; todavia, eis aqui as provas da virgindade de minha filha. E estenderão a roupa dela diante dos anciãos da cidade, os quais tomarão o homem, e o açoitarão, e o condenarão a cem siclos de prata, e o darão ao pai da moça, porquanto divulgou má fama sobre uma virgem de Israel. Ela ficará sendo sua mulher, e ele não poderá mandá-la embora durante a sua vida.

Esse cenário é um tanto complicado, e não entraremos em mais detalhes; o ponto é que a mulher precisava da oportunidade de provar sua inocência (aparentemente, mostrando um pano manchado pelo sangue de seu hímen rompido na noite de núpcias). Com sua inocência provada, ela não podia sofrer divórcio ou desgraça, mas tinha de ser cuidada como esposa na casa de seu marido. Aqui estamos vendo cenas de pecado; nesse caso, o homem perpetra a maldade, ao difamar e maltratar sua esposa. A lei dá nome, revela e pune sua maldade, enquanto protege a esposa dessa maldade.

Esses nove versículos que protegem uma esposa falsamente acusada são seguidos por dois versículos (vv. 20-21) que condenam uma mulher culpada — uma esposa que realmente tenha sido falsamente apresentada ao marido como virgem, sem que houvesse evidências contrárias. Essa, sim, deveria ser apedrejada. (Continuaremos sem comentários a esta altura. Após, voltaremos à natureza desse juízo severo. Primeiro, temos de ler o restante deste capítulo, a fim de tomar os versículos em seu contexto correto.)

O próximo versículo (v. 22) prescreve que, se um homem for encontrado dormindo com a esposa de outro homem, ambos, o homem e a mulher, terão de morrer. Obviamente, a diferença entre esse cenário e o anterior é que, aqui, há evidência concreta contra ambos, o homem e a mulher. Os dois estão presentes e são culpados — e são punidos com morte. (Mais uma vez, voltaremos a falar da severidade desse juízo; aqui precisamos observar a igualdade do juízo.) Sem evidências concretas contra o homem, a mulher condenada pelas evidências era morta sozinha. Na hipótese de evidências contra ambos, os dois tinham a mesma culpa e recebiam a mesma condenação. A próxima seção de Deuteronômio esclarece ainda mais a questão, mostrando outro cenário de culpa igualmente compartilhada (vv. 23-24).

Para entendermos isso, é útil saber que, naquela cultura, a mulher que estivesse noiva não tinha apenas o compromisso de se casar, como pensamos hoje; o compromisso era tão sério quanto o casamento. Ela era considerada esposa daquele homem. Esses dois versículos mostram uma cena no vilarejo em que um homem dorme com uma mulher comprometida com outro homem. A implicação era que o ato sexual era consensual; essa foi a razão para notar que a mulher não gritou em protesto. Numa cidade com casas ao ar livre, todas próximas entre si, outras pessoas certamente teriam ouvido se ela gritasse. Ela é culpada por haver concordado, e ele, culpado por "ter violado a esposa de outro homem" (v. 24). Ambos seriam apedrejados.

Em João 8, os fariseus estavam se referindo ou a essa situação ou à anterior, dependendo de a mulher ser noiva ou já estar casada. Em qualquer dos casos, a lei estipulava que *ambos*, homem e mulher, teriam de morrer. Mas, enquanto a mulher foi arrastada perante Jesus, o homem... *não é visto em lugar algum*. É óbvio que, se ela realmente foi flagrada em adultério, o homem também seria pego ali. Os fariseus estavam falando uma verdade apenas parcial, tanto sobre o incidente como sobre a lei. Essa *verdade parcial* revela *sexismo* — somente da parte deles, e não de Deus.

Ao mesmo tempo que nos chocamos com a severidade do castigo em Deuteronômio 22, podemos ver que a punição não destacava injustamente as mulheres. Em todo o escopo dessas leis, as mulheres que participavam de sexo extraconjugal eram respeitadas como parceiras iguais no ato sexual, não tendo responsabilidade maior do que os homens, mas, sim, idêntica. Todos nós sabemos, contudo, que, em geral, as mulheres não são vistas como parceiras iguais, mas são sexualmente forçadas contra sua vontade. Prossigamos com a leitura.

Proteção para quem sofreu abuso

Já vimos diversas leis que protegiam as mulheres (mulheres capturadas nas batalhas; esposas injustamente acusadas); Deuteronômio 22.25-29 trata de situações envolvendo especificamente abuso sexual. Eis a nossa segunda observação: a lei do Antigo Testamento protegia as mulheres nos casos de abuso sexual. Quisera eu poder sentar-me ao seu lado para conversar, enquanto você está lendo a esse respeito. Ambos, adultério e abuso, são assuntos que mexem muito em feridas não saradas, e isso machuca profundamente. Se você conhece pessoalmente essas feridas, oro para que a Palavra de Deus traga cura, e não mais feridas, para sua alma. Oro para que até mesmo essas passagens duras do Antigo Testamento revelem graça enquanto você as lê — a graça de nosso Deus, que redimiu para si um povo por meio de seu Filho amado. É seu Filho, nosso Senhor Jesus, que conhece melhor o que significa passar vergonha e ser publicamente violado.

No cenário seguinte (vv. 25-27), surge uma das leis mais fortes, e, creio, mais encorajadoras em relação a esse assunto. Em contraste ao ambiente na cidade, esse ato sexual se passa "no campo", onde ninguém podia ouvir uma mulher gritar por socorro. Nesse caso, a moça, que estava comprometida, recebe o benefício da dúvida: talvez ela estivesse gritando quando foi encontrada e violada por um homem. Traduzido mais literalmente, o homem, neste caso, "a [força], e se [deita] com ela" (v 25, ESV); a NIV na língua inglesa usa apropriadamente o termo "estupro". Somente o homem deve ser condenado à morte. O versículo 26 reitera: "à moça não farás nada; ela não tem culpa de morte". O versículo 27 defende ainda mais a mulher, reconhecendo sua situação: "Pois a achou no campo; a moça desposada gritou, e não houve quem a livrasse". Deus vê e, então, intervém para defendê-la.

Mesmo em tempos recentes e em muitos países do Ocidente, é difícil processar um homem que estupra uma mulher, porque as vítimas de estupro são mostradas como sedutoras, responsáveis por incitar os homens a atos que, de alguma forma, certamente também desejaram. Assim, um homem culpado poderia fazer papel de vítima, em vez de se provar o crime de estupro contra uma mulher que não consentia. Ainda hoje, em alguns países e culturas, a mulher vítima de estupro é considerada desonrada, sendo até mesmo morta para proteger a honra da família. É bom ver a clareza da Bíblia desde o começo quanto à condenação da maldade do estupro, castigando os homens que fazem isso e protegendo as mulheres que sofrem os horrores desse ato.

O próximo cenário (que é ainda mais desafiador) envolve um homem que estupra uma moça virgem, não casada (vv. 28-29; veja a passagem similar em Êxodo 22.16-17). *Mais uma situação*, você pode dizer! Se não temos o costume de passar muito tempo lendo a lei de Deus em Êxodo, Levítico, Números e Deuteronômio, talvez nos surpreendamos com os detalhes de todas essas cenas dentro da revelação inspirada de Deus. Mas, na verdade, devemos esperar muitos detalhes, pois, obviamente, o assunto de relações sexuais é central e crucial aos seres humanos. Nós, humanos, pensamos nos detalhes de todas essas coisas; como é revelador e encorajador que o próprio Deus dê atenção a isso, e nos fale a esse respeito!

A união sexual nesses versículos não quebra um laço existente de casamento; a solução oferecida é o matrimônio. Isso, contudo, não resolve a situação a contento para a mulher: evidentemente, a ela será oferecido casamento com aquele que a estuprou, que tem de pagar ao pai da moça cinquenta *shekels*, além da obrigação de se casar com ela e cuidar dela por toda a vida. Aqui, existem nuances que lançam um pouco mais de luz sobre o assunto.

Daniel Block sugere que o verbo em Deuteronômio 22.29 ("ele pagará", NVI) pode ser traduzido por "poderá pagar" — oferecendo ao pai da vítima a escolha quanto a aceitar ou não esse genro em potencial.[5] Como o sexo fora do casamento tornaria difícil a mulher ser aceita por outro marido, o dinheiro exigido e a segurança ofertada pelo casamento, em si mesmos visam ajudar a mulher que foi violada e que é vista como não tendo culpa, mas tão somente aquela a quem deve haver reparação. No mínimo, a mulher é coberta por certas proteções que estão disponíveis — a ela e à sua família.

Todas essas leis do Antigo Testamento estão inseridas em um sistema patriarcal distorcido. No sistema patriarcal, o marido tem autoridade sobre sua casa. Todo tipo de prática se desenvolveu no patriarcado dos tempos antigos: por exemplo, a esposa normalmente passava a viver na casa de origem de seu marido, e era essencial seu papel de ter filhos, a fim de perpetrar a linhagem do marido. Com frequência, as mulheres solteiras eram desprotegidas e desrespeitadas. As mulheres casadas também eram frequentemente maltratadas. As práticas de poligamia se desenvolveram. Hoje em dia, quando usamos o termo "patriarcado", é praticamente impossível separá-lo de toda a espécie de práticas impiedosas e sexistas, a ele grudadas como cracas que se agarram no cais à beira-mar. Em muitos contextos e culturas contemporâneos, ainda existe muita craca grudada nas docas e nos barcos. O cumprimento de Gênesis 3.16

---

5 *Deuteronomy* na série *NIV Application Commentary*, pp. 525-526.

está em evidência por toda parte neste mundo caído de pecado. Conforme Jesus disse, os corações das pessoas estão endurecidos, e *não foi assim desde o princípio* (Mt 19.8).

    Jesus conhecia o início dessa história — ele estava lá. Depois, ele entrou na história para salvar aqueles que romperam com a lei. Pela lei do Antigo Testamento, Deus estava revelando a si mesmo. A lei aponta, de forma implacável, para as verdades que Deus estabeleceu desde a criação: em particular, ao igual valor entre as mulheres e os homens criados como portadores da imagem de Deus, dignos de sua atenção, provisão e misericórdia. Em um mundo abarrotado de pecado e vergonha, leis como as que acabamos de revisitar atendiam ao propósito misericordioso de restringir o pecado, protegendo e provendo as pessoas mais vulneráveis. E, com frequência, essas pessoas eram mulheres. Daí a existência de tantas leis específicas focando sua proteção do abuso dos homens.

Deus leva a sério

    Conquanto vejamos que Deus trata as mulheres como igualmente responsáveis, protegendo-as quando são abusadas, ainda poderíamos ter alguma dificuldade para aceitar a severidade do castigo. Apedrejamento? Morte? Por adultério? Isso realmente é muito duro de engolir. O que está claro é que Deus vê o sexo fora do casamento como um mal muito grave, que não deve ser tolerado entre seu povo.

MULHERES, SEXO E UMA QUESTÃO DE PADRÕES DUPLOS

E isso é evidente no refrão que vem depois de muitas das cenas de Deuteronômio 22, mandando as pessoas "eliminarem o mal" dentre o povo (vv. 21, 22, 24). Aos olhos de Deus, o sexo fora do casamento é mau porque, antes de tudo, deturpa a ordem estabelecida por Deus na criação: um marido e uma mulher tornam-se uma só carne. Jesus deixa bem claro não apenas que essa é a ordem estabelecida por Deus, como também quebrá-la é uma ofensa contra Deus. Foi Jesus, e não algum pastor ou padre, quem disse primeiro: "Portanto, o que Deus ajuntou não o separe o homem" (Mt 19.6; Mc 10.9).

Os detalhes sóbrios das leis que vimos, incluindo o extremo chocante das penalidades, dizem-nos que, quando mexemos com o que Deus estabeleceu a respeito de sexo nos limites do casamento, estamos mexendo com o modo que ele estabeleceu para o funcionamento deste mundo. Rejeitar essa ordem na criação implica rejeitar pessoalmente nosso Criador — quebrando aquilo que ele mesmo criou.

Por isso, hoje em dia, o pecado sexual é tão grave para Deus quanto era há muitos séculos. Como todo pecado, o pecado sexual traz enfermidade para a alma — não apenas em casos sofridos de abuso explícito, como também nos casos mais rotineiros e cada vez mais aceitos de desrespeito pelo plano de Deus dentro do casamento. Se pudéssemos ver essa realidade espiritual, provavelmente tremeríamos ao contemplar o rompimento despreocupado com os bons e santos desígnios de Deus para a sexualidade humana. Essas separações sangram até a morte, embora as feridas nem sempre estejam imediatamente visíveis.

    Quando um casal se envolve em sexo fora do matrimônio, muitas vezes, naquele momento, não sente o impacto do pecado e, algumas vezes, essa condição estende-se por toda uma vida. Maridos ou mulheres que cometem adultério poderão até sentir satisfação, às vezes culpa, mas, em geral, não sentem a efervescência do ódio de Deus contra o pecado sexual como um mal a ser extirpado. Quando mulheres e homens reivindicam a independência sexual, rejeitando os laços do casamento, muitas vezes não percebem o mal que cometem contra suas almas, ao chamar bom aquilo que Deus chama mau. Essas mulheres e esses homens incluem a todos nós; Jesus pregou a cada um de nós quando explicou que quem olhar para outro com lascívia já terá adulterado com aquela pessoa no coração (Mt 5.27-28). Nossos corações estão todos quebrados.

    Para nós, pecadores, é difícil enxergar essa realidade espiritual, especialmente no afã de valorizar mais a alegria do prazer ou do poder. O apedrejamento é realmente chocante; mas talvez esse choque ajude a abrir nossos olhos. A Palavra de Deus, pelo Espírito de Deus, abre nossos olhos ao pecado que infectou a cada um de nós — e, por sua graça, somos levados a nos curvar em arrependimento diante de um Deus santo, a fim de encontrar a misericórdia que ele está sempre pronto a estender. Deus é Deus de justiça, aquele que cobra dos que são sexualmente infiéis. Ele é Deus de compaixão, aquele que protege os vulneráveis e os que foram abusados. E também é Deus de misericórdia, aquele que perdoa os culpados que vêm a ele em busca de purificação.

Existe outro aspecto do grave mal do pecado sexual: ele não infecta somente uma pessoa, mas toda a comunidade do povo de Deus. Deus deu essa lei no Antigo Testamento aos descendentes de Abraão, a fim de separá-los como seu povo. Ele os tornou uma grande nação, conforme prometera. Ele os redimiu do Egito. Agora, eles devem viver como sua "propriedade peculiar", um "reino de sacerdotes e nação santa" (Êx 19.5-6). Era esse o povo por quem Deus abençoaria o mundo através de seu descendente, o Cristo prometido. Essa descendência não poderia ser conspurcada. Hoje em dia, os que vivem em Cristo fazem parte, pela fé, dessa descendência, e nós herdamos o chamado à santidade — agora, com o propósito de, juntos, louvarmos nosso Deus, que nos redimiu em Cristo: "Vós, porém, sois raça eleita, sacerdócio real, nação santa, povo de propriedade exclusiva de Deus, a fim de proclamardes as virtudes daquele que vos chamou das trevas para a sua maravilhosa luz" (1Pe 2.9).

Nossa santidade, inclusive nossa pureza sexual, não é apenas para nosso próprio bem. Veremos, no Capítulo 9, que o casamento é um retrato, dado divinamente, de Cristo e da Igreja. O alvo último para manter a pureza no casamento é que nós, seu povo, brilhemos com a glória do Salvador. Deus faz essas proibições severas porque o casamento é sagrado, protegendo algo belo e precioso — a imagem de seu próprio Filho.

A redenção de Gômer

No fim, a infidelidade sexual revela a infidelidade de nossos corações diante de Deus. Isso nos leva a uma mulher de nome Gômer, que viveu em Israel no século VIII a.C. (a essa altura, o povo de Deus estava dividido em dois reinos — o do norte, Israel, e o do sul, Judá). Gômer era uma "mulher promíscua" com quem Deus mandou o profeta Oseias casar-se, a fim de ilustrar a história da misericórdia de Deus para com seu povo infiel.

A mensagem de Deus por meio de Oseias era que o povo de Deus era prostituído: "Vai, toma uma mulher de prostituições e terás filhos de prostituição; porque a terra se prostituiu, desviando-se do Senhor" (Os 1.2). Então, Oseias, o profeta, casou-se com Gômer, a mulher promíscua — uma parábola viva. Deus mandou dar nome aos três filhos, "Jezreel", "Desfavorecida" e "Não-Meu-Povo", mostrando o castigo de Deus que sobreviria a esse povo rebelde e idólatra (vv. 4-9). Não é uma história feliz. Gômer acabou abandonando Oseias e seus três filhos por outro homem. O que Deus, então, mandou que Oseias fizesse? "Vai outra vez, ama uma mulher, amada de seu amigo e adúltera, como o Senhor ama os filhos de Israel, embora eles olhem para outros deuses" (Os 3.1).

Assim, Oseias comprou de volta sua esposa, pagando o "preço da noiva", dado de costume à família que era deixada por uma mulher quando ela se casasse. Aqui, nós vemos uma noiva que havia abandonado sua família; mas Oseias a comprou de volta e a levou para casa.

Era uma imagem de Deus; ele mesmo nos diz. Deus promete abrir caminho para quem chamou "Desfavorecida", compadecendo-se dela . Às pessoas que chamou "Não-Meu-Povo", Deus dirá: "Tu és o meu povo!", e eles dirão: "Tu és o meu Deus!" (Os 2.23). É assim a misericórdia de Deus.

Eu sou Gômer. Você é Gômer. Nós somos Gômer — adúlteros espirituais. Mas, desde o princípio, Deus tinha o plano de nos comprar de volta, e esse plano se cumpriu. O Deus que nos amou, nos redimiu e nos comprou de volta por meio do sangue de Cristo. Nós, seu povo redimido, somos vistos finalmente como a noiva de Cristo e, um dia, receberemos "linho finíssimo, brilhante e puro" para nos vestir para o casamento (Ap 19.7-8).

Como é Deus? Olhe para Jesus. Olhe novamente para Jesus, que está de pé diante daquela mulher que foi flagrada em adultério. Jesus tem misericórdia dela. Ele a conclama a deixar seu pecado. Ele veio redimi-la daquele pecado, mediante seu sacrifício na cruz em seu favor. Na verdade, ela merece a morte. Mas essa não é a história toda. Toda mulher e todo homem merecem a morte — o salário de nosso pecado. A esperança das Escrituras, para toda mulher e todo homem, é que Jesus veio nos oferecer misericórdia. Por meio da fé em sua morte em nosso lugar, recebemos perdão pleno e uma nova vida nele. Essa é a história completa.

7 O CORPO FEMININO

Eu tenho uma grande amiga que é solteira e contente. Ambas, ela e eu, protestávamos contra nossos corpos ao percorrer o desafio imprevisível de emoções, sensações e aumento de peso que, com frequência, acompanha o encerramento do período fértil na meia-idade. Compartilhávamos muitos aspectos dessa experiência, mas eu aprendi bastante ao ouvi-la expressar o sentimento de que estava pagando o preço por bens que nunca teve o privilégio de levar para casa. Ela sentia o encerramento não apenas do sistema reprodutivo do corpo, como também de seus sonhos.

Tenho outra amiga, casada, que, junto com o marido, faz tratamento de fertilidade. Quando indaguei se ela estava disposta a falar em um evento que ocorreria no ano seguinte, sentiu-se frustrada ao responder. Ela deveria ou não incluir um filho em sua agenda do próximo ano?

Daí, vem à mente a minha amiga que tem seis filhos — e tem de lidar, ao seu jeito, com o funcionamento de seu sistema reprodutor.

Se você estiver lendo isso e for mulher, imagino que já tenha expressado ou ouvido alguém expressar o sentimento de que "simplesmente não é justo termos recebido o corpo que recebemos". Por que Deus não colocou sobre os homens algumas das complicações físicas relacionadas a gerar e parir filhos? Por que as mulheres suportam o peso dolorido disso tudo?

Se você é mulher, mas não é mãe, espero que não pule este capítulo, porque minha meta é perguntar o que o corpo das mulheres, com todos os seus ciclos, sistemas e estágios distintamente femininos, revela a respeito do Criador e do mundo que ele criou.

Existe alguma conexão entre as altaneiras verdades da Palavra de Deus e as questões que todas nós abordamos com nossas ginecologistas em seu pequeno consultório? Afinal de contas, não é só a dor da gravidez, do trabalho de parto e do nascimento, mas também o desconforto mensal — às vezes apenas um incômodo; outras vezes, acompanhado de diversas formas de dor.

Você já pensou que todo o sistema reprodutivo feminino se assemelha a um processo desnecessariamente trabalhoso? Não poderia ser um sistema que pudéssemos pôr em prática e usar apenas quando precisássemos dele? Não poderia ser mais higiênico, limpo e descomplicado? Não poderia haver uma progressão mais suave da meia-idade para a idade mais avançada? E, sim, por que os homens, em comparação, parecem passar pela vida dançando, com corpos que simplesmente não lhes dão essa espécie de sofrimento regular? Qual mulher nunca invejou os homens em uma caminhada longa sem dispor de um lugar para descansar ou usar o banheiro?

Se houver alguma conexão de tudo isso à realidade espiritual, precisamos apreendê-la, principalmente para viver no amor de Deus de um modo mais compreensivo, em vez de erguer os punhos para o céu, irados, ou com desatenção ao papel do céu em nossa existência terrestre. Tenho observado que, como as mulheres, necessariamente, estão mais ligadas à existência corporal, isso significa pensar em quanto Deus se importa com nossos corpos femininos. Mas isso também é verdadeiro para os homens em geral; nossos corpos fazem parte da boa criação de Deus, com vistas não somente a este mundo caído, mas também aos novos céus e à terra no porvir. Mas o foco aqui são as mulheres e seu *design* singular. Eis a pergunta: *Por que Deus desenhou o corpo feminino de um modo que continua nos aborrecendo, tantas vezes de uma maneira física ou emocionalmente dolorosa, com lembranças da procriação?*

Este capítulo afirma que o corpo das mulheres é uma ilustração vívida da verdade de Deus: podemos dizer que nossos corpos pregam para nós.

Responder sem escutar

Ao ouvirmos a Palavra de Deus, começamos a entender os aspectos que nossos corpos destacam. Começamos a encontrar respostas verdadeiras às nossas perguntas — respostas imprescindíveis e necessárias em um mundo caído que, desde o Éden, ecoa vozes que não falam a verdade. Mas, antes de procurar ouvir as respostas verdadeiras, temos de reconhecer a existência de uma multidão de respostas não verdadeiras e que não nos ajudam.

O corpo feminino sempre foi um mistério a ser enfrentado. Quatro séculos antes de Cristo, o filósofo grego Aristóteles ofereceu algumas teorias bastante influentes sobre a reprodução. A afirmativa geral de Aristóteles era que a fêmea é criada quando o curso da natureza que produziria o macho de alguma forma falha e, em vez disso, nasce a mulher, uma espécie de homem que não chegou a alcançar o que planejado — ou, conforme muitas vezes se afirma, "como se fosse um homem defeituoso".[1] Variações dessa visão dominaram o mundo ocidental por séculos.

---

1 Veja Livro II de Aristóteles *On the Generation of Animals*. Disponível em www2.ivcc.edu/gen2002/Aristotle_Generation.htm. Citações originais em *The Oxford Translation of Aristotle. Vol. 5*. Tradução de Arthur Platt, ed. W.D. Ross (Clarendon Press, 1912). Acesso em 20 jun. 17. Para mais comentários a esse respeito, veja Michael Nolan, "What Aquinas Never Said About Women". Disponível em www.firstthings.com/artigo/1998/11/003-whataquinas-never-said-about-women. Acesso em 20 fev. 17.

O CORPO FEMININO

Sem a luz da Palavra de Deus, as mulheres e seus corpos são frequentemente menos valorizados do que era a intenção de Deus. Porém, também podem ser valorizados acima do que Deus projetou. Em muitas religiões ao longo da história, encontramos deusas femininas cujo poder de fertilidade é engrandecido e adorado — como a deusa romana Vênus (com sua contrapartida grega, Afrodite). A versão moderna desse culto aparece na literatura e em movimentos que estimulam a espiritualidade mediante a conexão feminina à vida primitiva, à fertilidade e até mesmo à divindade. Procure, por exemplo, alguma combinação como "o feminino e a espiritualidade" no site da Amazon e você encontrará evidências pujantes de que, hoje em dia, ainda não deixamos para trás a adoração dessa deusa. A capacidade de conceber e carregar em si uma nova vida é um mistério inegável; como um poder separado da adoração ao nosso Criador, pode tornar-se um meio de levantar a si mesmo para tomar o lugar que pertence somente a ele.

Para muitos de nós, a valorização exagerada mais difundida (portanto, frequentemente não notada) do corpo feminino está presente nos diversos meios de comunicação, os quais, constantemente, enchem nossos olhos de corpos femininos e partes femininas. Passear em um shopping ou folhear uma revista são convites para adorar as formas femininas — não apenas qualquer forma feminina, mas uma versão valorizada por sua beleza e atração sexual, tal como nossa cultura a define. É incrível como essas imagens flutuam na realidade virtual de uma forma tão perfeita, livre de saliências, rugas, manchas ou imperfeições de qualquer espécie — como esses corpos são desejáveis e distantes, como qualquer deusa.

Assim, a valorização do corpo feminino pode facilmente tornar-se muito abaixo ou muito acima do que Deus intentou. Está claro que valorizar exageradamente o poder ou a beleza do corpo das mulheres acaba por desvalorizar as mulheres como seres inteiros, criados à imagem de Deus. Usar o corpo das mulheres para vender as coisas barateia esses corpos mais do que podemos imaginar. A prostituição e a pornografia oferecem os exemplos mais extremos e devastadores. Sem escutar a revelação divina, perdemos rapidamente o correto valor e a glória do corpo feminino, projetado, da mesma forma que o corpo masculino, para refletir a imagem de nosso Deus Criador. E, ao considerarmos o corpo à luz da Palavra de Deus, o que vemos?

Nossos corpos pregam a Criação

O corpo feminino conta as verdades sobre Deus: primeiro, sobre Deus, o Criador. As Escrituras revelam que Deus, em sua soberana bondade, criou as portadoras femininas de sua imagem com corpos prontos para conceber e portar uma nova vida. Mesmo antes da Queda, Eva foi projetada com a capacidade de dar à luz filhos (Gn 1.28). O corpo feminino é distinto, feito para complementar o corpo masculino como criação de Deus separada e bela — refletindo, de modo vívido, o poder de Deus criar a vida.

    A bondade original da criação de Deus chama toda mulher para ver seu corpo, incluindo a capacidade de ter filhos, como algo bom e que glorifica nosso Criador. Existe mais para se dizer quanto a isso, claro, mas nós temos de começar pela bondade de Deus, que brilha em tudo que ele fez, por mais que sejamos quebrados e caídos. Deus embutiu no corpo das mulheres a capacidade de conceber e nutrir uma nova vida. Essa é uma janela maravilhosa para nós, se escolhermos olhar por ela, quanto ao Deus que criou e sustenta toda a vida, e que nos criou à sua imagem. Desde o princípio, e mesmo depois da Queda, Deus ordenou, por sua misericórdia, que a vida humana tivesse continuidade, e que as mulheres desempenhassem a parte íntima nesse processo. Em certo sentido, os homens é que ficaram de fora desse processo, pois experimentam um papel mais fugaz; talvez eles precisem de um livro sobre se Deus seria sexista em relação a eles.

    As mulheres que não são mães podem celebrar essa janela em Deus que vem com seus corpos? Mencionamos e falaremos mais sobre como todas as mulheres participam da *dor* da experiência de procriação, incluindo seus anseios e suas perdas. Mas eu acredito que, nos momentos em que, pela graça de Deus, nossas almas estão mais claras, as mulheres também experimentam um entendimento compartilhado e até mesmo se maravilham e são gratas a Deus por aspectos que a "irmandade" feminina conhece tão bem. Como todas as mulheres experimentam a vida em corpos semelhantes, nós entendemos esses mistérios de uma forma bem concreta. Todo ser humano conhece o fato arrebatador de que veio do corpo de uma mulher; mas só as mulheres sabem o que significa ter esse corpo.

 Considere como é surpreendente que, com todas as diferenças de formatos, tamanhos e cores dos corpos, cada um de forma singular, ainda subsistem os sistemas reconhecíveis de partes e funções, compreendidos por todo o tempo e em todo lugar. Não precisamos de tradução para compartilhar o entendimento básico acerca de um recém-nascido, por exemplo. Em minha primeira viagem à Rússia, com meu marido e nosso bebê de poucos meses, eu desconhecia o idioma deles, mas logo me dei conta de que, quando saía com o bebê em um ambiente social ou de trabalho, as mulheres logo se aproximavam, animadas; sentíamos o calor da comunicação entre nós como se houvesse cordas com as quais, de algum modo, formávamos laços fortes. Na ocasião, conheci um bom número dessas mulheres maravilhosas: algumas com filhos; outras, sem. Todas estenderam as mãos e se ligaram a mim — na verdade, ministraram a mim — através de um bebê, que funcionou como uma ponte para nos unir. Era inverno em Moscou, com um frio intenso, e eu aprendi com elas, repetidas vezes (sem haver necessidade de tradução), que eu não embrulhava meu filho corretamente ou com cobertores suficientes!

Havia também outras pontes com as mulheres e os homens; essa era apenas uma delas. Essas mulheres graciosamente, com muita alegria, atravessaram essa ponte comigo, e eu jamais esquecerei o calor e as boas-vindas que demonstraram. Certamente, algumas traziam, dentro de si, as mais doloridas histórias que cheguei a conhecer. E, com certeza, havia homens à nossa volta que também amavam os bebês! Mas havia (e frequentemente pode haver, de acordo com a minha experiência) um momento intenso, quando as mulheres se reuniam em torno da maravilha de uma nova vida — compartilhando essa maravilha em meio às nossas histórias diferentes. Entre as mulheres cristãs, ligadas pelo Espírito Santo, a união é ainda mais intensa; no corpo de Cristo, entendemos como todas as crianças pertencem a todos nós. Sua nova vida representa a próxima geração dada por Deus, para ser amada, nutrida e criada para servir a ele. Essa é uma alegria partilhada na família de Deus. Eu já vi isso bem de perto. Inclusive em meio à dor — sim, eu estou consciente de que precisamos falar sobre dor.

A forma como compartilhamos a alegria (e a dor) nesse processo depende muito de nosso reconhecimento em relação à soberana bondade de Deus quanto ao fato de ter filhos. Aquele que criou nossos corpos conhece não apenas como eles funcionam; ele dirige seu funcionamento. Será que realmente cremos nisso? Será que já começamos a compreender que tudo que acontece neste mundo passa pelas mãos soberanas de um Criador que sustenta o sol e a lua em suas rotas pelo céu, bem como os óvulos de uma mulher e os espermatozoides de um homem em seus trajetos pelo corpo humano?

Quando olhamos e escutamos os corpos humanos, desde seus primeiros estágios, eles pregam a soberana e boa criação de Deus. Nenhum de nós está distante desta verdade: a soberana bondade do Senhor operava quando cada um de nós era apenas um minúsculo ser dentro do ventre de nossa mãe. Quando o salmista considera essa realidade, mostra como devemos responder ao Criador: "Pois tu formaste o meu interior, tu me teceste no seio de minha mãe. Graças te dou, visto que por modo assombrosamente maravilhoso me formaste; as tuas obras são admiráveis, e a minha alma o sabe muito bem" (Sl 139.13-14).

Nossos corpos pregam a Queda

O corpo feminino prega a verdade a respeito de Deus, nosso Criador — e Deus, nosso Juiz. Ouvimos a declaração de Deus acerca das consequências de desobedecer à sua Palavra: para a mulher, viriam primeiramente dores severas no ato de parir: "em meio de dores darás à luz filhos", combinado a "em fadigas obterás [da terra] o sustento" no ato de trabalhar do homem (Gn 3.16-17). Compartilham o processo, agora partido, de encher e sujeitar a terra de acordo com a ordem de Deus.

Desde então, todo o processo de gerar, parir e criar filhos, com seus diversos sistemas e estágios, tem sido cheio de todo o tipo de dor. É importante ouvirmos as histórias de dor umas das outras, especialmente de mulheres em estágios diferentes dos nossos; aquelas que tiveram filhos precisam ouvir as vozes de irmãs que anseiam tanto por isso e não conseguem. Vejo o mundo de um modo diferente do meu porque tenho escutado as histórias de amigas solteiras que olham os anos e ciclos de sua vida se passarem, colocando em prática a disciplina de acatar a vontade de Deus; elas me ensinam muito. Vejo meu mundo de uma maneira diferente porque tenho sofrido a dor e orado junto com amigas que passam por longos meses de tratamento de fertilidade — um tempo que exerce grande pressão sobre seus casamentos — e que, às vezes, fracassam. Vejo de maneira diferente meu mundo porque tenho esperado com amigos que desejam adotar filhos e, em muitos casos, me uno a eles para dar boas-vindas a essas crianças na família da igreja, enquanto, em outros casos, me junto a eles no sofrimento, quando essas adoções não são realizadas.

Claro, em nossa mente vem imediatamente a dor de gerar e dar à luz um bebê. É impossível resumir a intensidade das dores de parto de uma mulher, ou a agrura do contraste entre esses momentos (ou horas) de agonia e os momentos seguintes de alívio, quando uma criança nasce. Com frequência, esquecemos a dor subsequente e contínua de algumas mulheres. E bem diferente é a dor lancinante diante do sofrimento de perder um bebê, quer no início, quer no final de uma gravidez. Com frequência, porém, essa dor é pouco reconhecida, por mais intensa que seja.

Existem mais tipos de dor do que qualquer uma de nós pode conhecer em relação ao corpo feminino. Milhões de meninas e mulheres por todo o mundo conhecem a dor física e emocional inexprimível de ter seus corpos vendidos e abusados no tráfico sexual. A *International Justice Mission* estima que cerca de dois milhões de crianças são exploradas em todo o mundo, e a expressiva maioria é composta por meninas: "O tráfico humano gera cerca de 150 bilhões de dólares por ano — dois terços disso em exploração sexual comercial".[2] É uma dor bastante profunda, uma perversão insondável da boa criação de Deus em relação ao corpo humano, especialmente os corpos femininos. Quando as partes do corpo feminino programadas para produzir uma nova vida são invadidas por doenças, morte e indizível sofrimento, as meninas e as mulheres padecem em todos os níveis de seu ser.

O pecado provocou danos neste mundo caído e, consequentemente, a dor se alastra. Podemos indagar: já que a dor relacionada a ter filhos é declarada por Deus como resultado da Queda, será que não deveríamos aprender algo dessa dor? Hoje em dia, muitas pessoas focam no alívio da dor. Em muitos lugares, o processo de nascimento tornou-

---

2 International Justice Mission, *Sex Trafficking*, em IJM Casework Series. Disponível em www.ijm.org/sites/default/files/fact-sheets/IJM-Casework_Fact-Sheets_Sex-Trafficking.pdf. Acesso em 25 fev. 2017.

-se relativamente maleável, conforme a quantidade de alívio da dor que uma mulher escolhe receber durante o parto. Mais importante: o índice de mortalidade entre mulheres e bebês é ainda mais baixo no parto, em decorrência das intervenções médicas, cada vez mais disponíveis nos casos de emergência. Com frequência, o desconforto geral contínuo relacionado ao sistema reprodutor feminino é aliviado ou mesmo resolvido por drogas que diminuem ou manipulam os ciclos de reprodução, para que não atrapalhem nossos horários e estilos de vida.

Sem tecer comentários quanto à moralidade do controle de natalidade, quero simplesmente observar que isso tem desempenhado papel crucial em tirar a dor de todo o processo de ter filhos — especialmente quando incluímos a dor de aceitar uma gravidez indesejada. E o outro método mais comumente adotado para evitar o sofrimento de ter filhos, o aborto, merece um comentário muito mais extenso do que temos espaço para falar aqui.

A extensão do erro de matar uma vida humana antes de ela nascer encontra-se, em primeiro lugar, na violação ao mandamento de Deus de não matar (Êx 20.13) e também na maravilha dessa vida que Deus criou. Dar fim a essa vida não traz alívio; traz apenas uma dor maior, ligada ao peso de um mundo caído. Se você estiver lendo estas linhas como alguém que já passou por isso, eu oro para que reconheça não apenas que o aborto é um pecado contra Deus, mas também que Deus perdoa nossos pecados quando nos achegamos a ele, arrependidos, confiando em Cristo, nosso Salvador.

Em certo sentido, podemos dizer que a medicina moderna bloqueou não apenas os variados tipos de dor, mas também a oportunidade de aprender com os juízos de Deus pronunciados em Gênesis 3. E acredite: eu não sou defensora da dor. Apenas indago o que Deus quer nos mostrar por meio dela, se ainda podemos tentar aprender essas lições quando Deus, soberanamente, permite a dor em cada uma de nós. Como, no Éden, Deus originalmente declarou essa dor e explicou sua causa, não existe outro lugar para ir senão a ele para lidar com ela. A dor pode nos levar de volta a Deus e, muitas vezes, ela faz exatamente isso. Até mesmo aqueles que não conhecem Deus, quando estão sofrendo, clamam muitas vezes — se não a ele, contra ele —, perguntando o porquê e pedindo ajuda. A Palavra de Deus ilumina a resposta a esses clamores. Na verdade, ela afirma nossos gemidos e nosso choro, dizendo-nos que as coisas não são como originalmente foram criadas para ser. Ao ouvirmos as Escrituras, entendemos que o desconforto e a dor que vêm de ser mulher pregam a condição caída deste nosso mundo, mas também apontam para nossa esperança.

Nossos corpos pregam esperança

Na Bíblia, nós discernimos um modelo — um modelo de nascimentos improváveis. Um modelo de filhos nascidos quando os efeitos da Queda tornaram-se dolorosamente evidentes. É um modelo que aponta para um filho nascido de uma mulher da qual seria improvável nascer: uma virgem. Os corpos femininos pregam a criação. Pregam a queda. E finalmente, da maneira mais maravilhosa, pregam a redenção.

Deus sempre esteve dirigindo o modelo da história, desde a criação, mesmo durante a Queda, sempre com seus propósitos de redenção. Esses propósitos têm estado interligados de forma consistente e intrincada ao nascimento de filhos. Ouvimos a promessa de um descendente, dada por Deus a Eva logo após a Queda. Em Gênesis 12.1-3, ouvimos outra promessa relacionada ao nascimento de um filho: Deus diz a Abrão que, por meio de sua descendência, todas as famílias da terra seriam abençoadas. Em Gênesis 15.1-5, há a promessa específica de um filho. Ora, Abrão e Sarai eram velhos; não só ela havia passado da idade de ter filhos, como também vivera toda a sua vida como mulher estéril. Mesmo quando Deus deu um novo nome a eles, Abraão ("Pai de muitos") e Sara ("Princesa", pois sua família incluiria reis), eles não tinham filhos. Contudo, esse filho, Isaque, nasceu tal como Deus havia declarado. Deus dá, e Deus retém.

Foi isso que uma mulher de nome Ana descobriu. Em 1 Samuel 1.5, aprendemos que, embora Deus "tivesse fechado a madre" dessa mulher piedosa, respondeu à sua oração por um filho, com a abertura de seu ventre e a permissão de que desse à luz. E esse filho recebeu o nome de

Samuel, que se tornou um grande profeta, usado por Deus de modo poderoso para estabelecer o reino de Israel. Também aqui, Deus dirigia o curso da história de redenção. E ele sempre está fazendo isso em todas as nossas histórias — em todas elas.

Do mesmo modo que Débora cantou depois de ver a mão de Deus em ação, Ana entoa um cântico em 1 Samuel 2. Sua canção celebra a soberana direção de Deus tanto nos lugares altos como nos mais humildes — e claramente ela via a si mesma como alguém humilde. Talvez seja essa a chave para apreender a verdade acerca da bondade soberana de Deus: "O SENHOR é o que tira a vida e a dá; faz descer à sepultura e faz subir" (1Sm 2.6). Essas palavras estendem-se a outro menino que nasceu, morreu e ressuscitou — tudo pela mão de Deus.

Assim, voltamos os pensamentos a Lucas 1, passagem em que mais duas mulheres cantam porque viram a mão soberana de Deus tanto em seus próprios ventres como ao longo da história de redenção. Elas reconhecem que estão no auge dessa história: a virgem Maria, grávida, celebra a vinda do Messias prometido, semente de Abraão, nela concebido pelo Espírito Santo, conforme explicou o anjo Gabriel (Lc 1.26-38). Junto à voz jovem de Maria, vem a voz mais velha de Isabel. Parente de Maria, Isabel, tal como Sara séculos antes, era estéril e já passara da idade de ter filhos. Novamente, Deus abriu o útero de uma mulher. Ele deu a

Isabel e a seu marido, Zacarias, um filho de nome João, que cresceria e anunciaria ao mundo a vinda do Filho de Deus.

E, ainda no ventre, o filho de Isabel, João, começou a anunciar a vinda de Cristo, e sua mãe sentiu e proclamou isso. Com a chegada de Maria a Isabel, "a criança lhe estremeceu no ventre; então, Isabel ficou possuída do Espírito Santo. E exclamou em alta voz: "Bendita és tu entre as mulheres, e bendito o fruto do teu ventre!" (Lc 1.42). Como é maravilhoso que as boas-novas da salvação para o mundo estejam tão envolvidas com os detalhes de fertilidade, útero e gravidez. Em sua misericórdia, Deus ordenou o ter filhos como um meio bendito de sua obra redentora no mundo. Por meio do nascimento, da morte e da ressurreição de seu próprio Filho, Deus nos redimiu e nos comprou de volta, retirando-nos do pecado para um relacionamento restaurado com ele.

No coração do plano eterno de Deus

Claramente, não foi depois da Queda que Deus decidiu incorporar o nascimento de filhos ao seu plano de redenção. Ao falar aos crentes, Paulo explica que Deus "nos escolheu, nele, antes da fundação do mundo, para sermos santos e irrepreensíveis perante ele" (Ef 1.4). O plano de Deus, desde a eternidade, incluía o envio de seu Filho ao mundo — seu Filho, por meio de quem este mundo foi criado (Jo 1.3; Cl 1.16). O fato de Jesus Cristo ter entrado no mundo apenas reafirma a bondade dessa criação. E entrar pelo corpo de uma mulher, no processo de parto, também significou participar do juízo doloroso dessa criação caída: Jesus entrou por meio de sangue e dor. Jesus abraçou todo o juízo do pecado, tomando-o, finalmente, sobre si, na cruz. "Aquele que não conheceu pecado, ele o fez pecado por nós; para que, nele, fôssemos feitos justiça de Deus. (2Co 5.21). Assim foi cumprida a promessa de Gênesis 3.15: de que, pelo descendente da mulher, a serpente finalmente seria esmagada.

Mulheres e partos estão no cerne do plano eterno de Deus de salvação. Há muita discussão sobre o significado desta afirmativa de Paulo a Timóteo: "será preservada através de sua missão de mãe, se ela permanecer em fé, e amor, e santificação, com bom senso" (1Tm 2.15). No contexto de toda a Escritura, sabemos que o processo de gerar e dar à luz filhos não pode ser o meio efetivo para a salvação; a própria condição de dar à luz filhos é afetada pela Queda, que é curada apenas pela salvação. O fato de uma mulher ter ou não filhos nada tem a ver com a salvação – a salvação vem somente pela fé em Cristo.

Maria, a mãe de Jesus, não foi salva por dar à luz Jesus. Quando, em certa ocasião, uma mulher exclamou para Jesus: "Bem-aventurada aquela que te concebeu, e os seios que te amamentaram", ele respondeu: "Antes, bem-aventurados são os que ouvem a palavra de Deus e a guardam!" (Lc 11.27, 28). É o que vemos Maria fazer em Lucas 1. Ao lhe ser apresentado o mistério da concepção pelo poder do Espírito

Santo, ela simplesmente responde com palavras de fé: "Aqui está a serva do Senhor; que se cumpra em mim conforme a tua palavra" (Lc 1.38). Maria ouviu a palavra de Deus e obedeceu.

Então, o que Paulo estaria dizendo em 1 Timóteo 2.15? Certamente é possível, conforme alguns sugerem, que a "missão de mãe" aqui aponte especificamente para o nascimento de Cristo, que nos salva. Devemos observar o contexto desse versículo: 1 Timóteo 2.13-14 refere-se à criação e à queda de Adão e Eva, e então chegamos ao versículo 15 com Gênesis em mente; naturalmente, lembramos a promessa anterior de Deus sobre o descendente da mulher. Creio também ser possível que a "missão de mãe" nesse versículo seja usada para representar todo o plano de Deus, que, desde o princípio, é experimentado de modo distinto pelas mulheres: nossa criação com essa capacidade definidora de ter filhos; a dor que envolve o nascimento de filhos como parte das consequências da Queda; nossa esperança máxima no nascimento do Salvador. Assim, as mulheres são chamadas por Deus para assumir o ato de "dar à luz filhos" em um sentido mais amplo: receber toda a Palavra de Deus, como até mesmo nossos corpos pregam.

Parte de uma história maior

Na Palavra de Deus, as verdades sobre o ato de ter filhos são iluminadas para revelar seu plano de redenção. A Bíblia toma essas verdades físicas e as usa para ressaltar a realidade espiritual. Mas essas verdades dizem mais do que elas mesmas. Dar à luz um filho, afinal, mostra a nova vida em Cristo — como na passagem em que Jesus fala sobre "nascer de novo" (Jo 3.3), e Pedro escreve que Deus "nos regenerou para uma viva esperança" (1Pe 1.3). As muitas imagens da Escritura incluem não somente as maravilhas, mas também a dor; Paulo escreve que toda a criação caída "geme e suporta angústias até agora" (Rm 8.22). O juízo vindouro de Deus é vividamente descrito em termos de gravidez: "Quando andarem dizendo: Paz e segurança, eis que lhes sobrevirá repentina destruição, como vêm as dores de parto à que está para dar à luz; e de nenhum modo escaparão" (1Ts 5.3).

Mais maravilhoso, penso, é a imagem oferecida pelo profeta Isaías sobre como será viver com Deus para sempre, como seu povo redimido. Isaías aponta para uma nova Jerusalém, para um povo restaurado — por meio da figura de uma mãe que amamenta, consolando seu filhinho. Mas, nessa imagem, a mãe não é uma mulher — é o próprio Deus, e nós, a "Jerusalém" do povo de Deus, somos seus filhos eternamente consolados:

> Porque assim diz o Senhor: Eis que estenderei sobre ela a paz como um rio, e a glória dos gentios como um ribeiro que transborda; então mamareis, ao colo vos trarão, e sobre os joelhos vos afagarão. Como alguém a quem consola sua

mãe, assim eu vos consolarei; e em Jerusalém vós sereis consolados (Is 66.12-13).

Essas imagens nos ajudam a ver sobre o que trata toda a história da Bíblia: o plano de Deus de salvação que nos traz de volta a ele mesmo, mediante seu Filho. Nosso corpo faz parte dessa história, e os corpos femininos pregam essa história — desde a criação até a queda e até a redenção, que se estende até a eternidade. Ao escutar essa pregação, você pode olhar para seu corpo — tudo que lhe foi dado e tudo que você não recebeu — e oferecê-lo em serviço ao Criador e Redentor, sabendo que sua boa mão está dando forma a toda molécula e a todo momento de sua existência. Você também pode dizer, como Maria: "Aqui está a serva do Senhor; que se cumpra em mim conforme a tua palavra" (Lc 1.38).

Bem, isso tudo é justo? A resposta a essa pergunta depende de como vemos a história em que vivemos. Se você vê Jesus como o centro de sua história, saberá que realmente não é justo que o Senhor Jesus tenha vindo para entrar em todo esse sofrimento e carregá-lo sobre si, a fim de tirar a nossa dor de maneira final e plena, restaurando-nos para si. Nós fazemos parte de uma história realmente maravilhosa. E esses corpos pregam as boas-novas.

8 UM HOMEM COMO NENHUM OUTRO

Lembro-me, vividamente, de uma conversa alguns anos atrás, quando eu estava começando a dar aulas para universitários. Cercada por vozes reflexivas e desafiadoras, eu estava no processo de examinar meus pontos de vista a respeito de mulheres e homens e a igreja. Essa conversa foi travada com uma colega professora que, por anos, fazia parte do mundo cristão, e que ainda estava nele — mesmo quando fazia muitos questionamentos sobre esse mundo, especialmente perguntas relacionadas a mulheres e seus direitos. Essa mulher era divertida, inteligente e tinha um diálogo desafiador; por meio dela, passei a considerar mais profundamente a maneira como as mulheres podem ser feridas por quem não as trata como seres criados, tal como os homens, à imagem de Deus. Essa mulher havia sido ferida. Ela conhecia pessoalmente algumas das realidades de Gênesis 3.16.

O momento do qual me lembro tão bem se passou numa conversa sobre Jesus. Estávamos juntas em uma conferência cristã e acabáramos de ouvir uma palestra que eu considerei encorajadora sobre um dos evangelhos. Mas a minha amiga não achou que fosse algo encorajador. Seu único comentário calmo era que, quanto mais via como as mulheres foram oprimidas pelos homens, especialmente na igreja, mais tinha dificuldade para amar Jesus — pelo fato de ser homem.

Hora de olhar para Jesus

Chegamos a um ponto crucial neste livro. É hora de olhar para o homem Jesus e deixar que ele nos mostre Deus. O discípulo Filipe pediu que Jesus mostrasse o Pai aos discípulos — na verdade, que os deixasse ver Deus. Quando Jesus respondeu, era Deus falando: "Filipe, há tanto tempo estou convosco, e não me tens conhecido? Quem me vê a mim vê o Pai; como dizes tu: Mostra-nos o Pai?" (Jo 14.9). João expôs esta verdade no início de seu Evangelho: "Ninguém jamais viu a Deus; o Deus unigênito, que está no seio do Pai, é quem o revelou" (Jo 1.18).

Essas verdades sobre Jesus significam que encontramos certeza quanto ao relacionamento entre as mulheres e Deus quando vemos a forma como Jesus se relacionava com as mulheres. Podemos estar certos de que estamos vendo nisso o Deus que vemos a partir de Gênesis 1 — só que, agora, em carne. É difícil dizer isso a mulheres como aquela que tinha dificuldade para amar Jesus; o sofrimento de seu coração, bem como a visão de sua mente, impediam-na de olhar para ele. Ela carrega a responsabilidade de abrir os próprios olhos, mas aqueles que a feriram colocaram obstáculos desafiadores em sua linha de visão. Sabendo que, no final, somente Deus pode abrir os olhos de qualquer um, eu e os crentes ao redor dela temos a responsabilidade de continuar pedindo que Deus volte os olhos dessa mulher em direção ao Filho. Meu objetivo neste capítulo é simplesmente ver e ouvir o Senhor Jesus interagindo com as mulheres ao seu redor.

Muitos têm observado que Jesus virou a mesa das atitudes e práticas sexistas que eram tão comuns em seus dias. Veremos isso nas histórias do evangelho. Veremos também que Jesus derruba as atitudes e práticas sexistas de qualquer época — qualquer coisa que impedisse de trazer mulheres e homens para um relacionamento com seu Criador. Como Jesus diz "Eu sou o caminho, e a verdade, e a vida; ninguém vem ao Pai senão por mim" (Jo 14.6), e ele veio convidando toda mulher e todo homem para vir ao Pai por seu intermédio.

Primeiro, vamos perguntar: Por que Jesus veio como *homem* e falava sobre seu Pai? Por que não uma *mulher* falando a respeito de sua *mãe*? Às vezes, Deus usa imagens femininas para mostrar a si mesmo, como naquele versículo que vimos em Isaías 66.13: "Como alguém a quem sua mãe consola, assim eu vos consolarei; e em Jerusalém vós sereis consolados". Quando Jesus veio, olhou com tristeza para a cidade de Jerusalém, que o estava rejeitando, e lamentou: "Quantas vezes quis eu reunir teus filhos como a galinha ajunta os do seu próprio ninho debaixo das asas, e vós não o quisestes!" (Lc 13.34). Esses exemplos confortam e são reveladores. Deus claramente não é masculino no sentido de o homem ser anatomicamente masculino; Deus é um ser que está além do gênero, e criou tanto o masculino como o feminino para refletir sua imagem.

Ainda assim, por que vir em carne como homem, em vez de vir como mulher? Por tudo que já vimos na Escritura, sabemos que não foi porque os homens seriam, por natureza, melhores que as mulheres em valor, bondade ou talento; eles não são melhores. Então, por que Deus revela *a si mesmo* como *Pai*, *Filho* e Espírito? Por que a história da Bíblia nos leva de um *homem* — Adão — para outro *homem* — Jesus Cristo (veja Rm 5.12-19)?

Podemos pensar em todo tipo de razões práticas e culturais para "Pai" e "Filho" serem mais apropriados que "Mãe" e "Filha". Por muitas gerações em que, como resultado do pecado, os homens têm "mandado" nas mulheres, um Deus que fosse mãe e, depois, filha encarnada não teria sido ouvido nem respeitado. Mas razões desse tipo, ainda que fizessem sentido prático, não ajudam. A Bíblia não apresenta Deus assumindo identidades para se relacionar conosco enquanto calcula o tempo real para solucionar os problemas do mundo. A Bíblia apresenta Deus como sendo eternamente Deus em três Pessoas. João 1 nos diz que "o Verbo estava com Deus, e o Verbo era Deus" desde o princípio. Foi esse Verbo que se tornou carne e habitou entre nós: "No princípio era o Verbo, e o Verbo estava com Deus, e o Verbo era Deus. Ele estava no princípio com Deus. [...] E o Verbo se fez carne e habitou entre nós, cheio de graça e de verdade, e vimos a sua glória, glória como do unigênito do Pai" (Jo 1.1-2, 14). Quando Jesus nasceu, tornou-se Filho de Deus; o Filho eterno de Deus tornou-se homem.

Deus não mudou para se acomodar a nós; pelo contrário, ele nos fez, nós, seres humanos, para que o refletíssemos. Foi o que vimos em Gênesis. Veremos ainda mais ramificações disso nos próximos capítulos. A essa altura, o foco está no Filho de Deus, revelado a nós em carne. Minha amiga estava sendo muito honesta, na verdade, ao enfrentar suas questões sobre os direitos e os papéis das mulheres, bem como seus questionamentos a respeito de Jesus. Todas essas partes estão interligadas, e receber o todo leva grande humildade e submissão à Palavra de Deus — para todas as pessoas, embora, para as mulheres, isso se passe de alguma forma singular. Deus está pedindo a mulheres que se curvem diante de um homem — um homem que é nosso Salvador e Senhor.

Mas isso não é tudo que temos a dizer. Não é apenas uma questão de aceitar o que a Palavra de Deus diz. É uma questão de encontrar alegria e refúgio naquilo que ele diz. Eu creio que, mesmo que essa amiga de quem falei estivesse voltando as costas para Jesus porque ele era homem, se ela tivesse se voltado para ele, teria encontrado enorme consolo em conhecer um homem que é tudo o que os outros homens nunca poderão ser. Vejamos algumas histórias dos Evangelhos que mostram como Jesus se relacionava com as mulheres. Espero que esses vislumbres encorajem você a ver com maior clareza e a amar mais profundamente esse Jesus, o Filho, que nos mostra o Pai.

Completamente conhecida e plenamente amada

Nos encontros de Jesus com uma grande variedade de mulheres, muitas vezes uma única afirmativa parece vir de seus lábios. Por exemplo, quando Jesus encontra uma mulher à beira de um poço e dá início a uma conversa, o clímax da discussão surge quando ela diz que sabe que o Messias, o Cristo, virá, e Jesus responde: "Eu o sou, eu que falo contigo" (Jo 4.25-26). Em todo o seu ministério terreno, até o final, Jesus mostrou-se reticente e demorava para declarar abertamente o fato de ser o Cristo prometido. Este momento, contudo, é chocante: ele declara sua identidade de imediato a essa *mulher samaritana*, entre todas as pessoas a quem podia ter falado.

Nessa história, já era um choque que Jesus estivesse falando publicamente com uma mulher; essa não era uma prática aceitável para os homens daquela época. Seus discípulos "se admiraram de que estivesse falando com uma mulher" (v. 27). E não apenas era uma mulher; era uma mulher samaritana. Naquele tempo, os judeus desprezavam os samaritanos, que, do ponto de vista étnico, eram apenas parcialmente judeus e não adoravam em conformidade com a lei judaica. A própria mulher fica chocada quando Jesus lhe pede algo para beber: "'Como, sendo tu judeu, pedes de beber a mim, que sou mulher samaritana (porque os judeus não se dão com os samaritanos)?" (4.9).

Além disso, essa não era apenas uma mulher samaritana; era uma pessoa socialmente marginalizada. Ela sai sozinha para tirar água bem no meio do dia, momento de maior calor e desconforto, provavelmente para evitar encontrar as pessoas. Mas ela se encontra com Jesus, e Jesus não evita assuntos difíceis; ele diz que sabe que ela já teve cinco maridos e que, atualmente, vive com um homem que não é seu marido (vv. 17-18). Quando surgem todos esses detalhes, talvez seja ainda mais surpreendente que Jesus tenha entrado em uma pesada discussão teológica com essa mulher. Ela não tem medo de falar sobre as coisas espirituais; ela está interessada e é curiosa. Em resposta, ele lhe entrega a verdade. Jesus diz à mulher quem ele é. Ele entrega, no colo dessa mulher samaritana, esse grande dom da revelação, que os profetas e os líderes religiosos sábios têm procurado incessantemente, por muitos séculos. *Sim, eu sou o Messias. Sou eu mesmo.*

Por que Jesus a escolhe? Bem, a revelação do Messias era menos provocante na Samaria do que na Judeia, onde uma afirmação desse tipo, tão direta, talvez tivesse provocado sua prisão por parte dos líderes judeus irados, mais cedo que o tempo perfeito de Deus. Mas por que uma mulher e por que essa mulher? Por que ele dedicou tanto tempo para falar com ela, levantando a embaraçosa história de sua vida cheia de pecado? Por que é a essa mulher rejeitada naquele poço que Jesus declara sua identidade e descreve a água viva que oferece, que pode ser como uma fonte para a vida eterna (vv. 13-14)?

Essa história não explica a escolha de Jesus, mas mostra seu coração. Jesus queria conhecer essa mulher individualmente, mesmo que ela estivesse à margem da sociedade. Na verdade, ele sabia tudo a seu respeito. Queria dar-lhe a água viva da vida eterna. Ela o recebeu — na verdade, foi correndo e compartilhou com toda a cidade, e muitos também creram em Jesus (vv. 39-42). Foi a primeira missionária a levar a mensagem de Cristo a um grupo de povos!

João dedica bastante tempo a essa história, a fim de que nos deleitemos com ela. Imagine o quadro: Jesus olha de cara para essa mulher e tem uma conversa direta, de peso, cheia de compaixão, antes de finalmente dizer: "Eu o sou, eu que falo contigo". Se as suas palavras são verdadeiras e essa história é real, não existe nada que minha amiga de anos atrás — ou qualquer um de nós — precisasse mais do que isto: ouvir Jesus.

Muitas pessoas ao nosso redor sabem muitas coisas a nosso respeito, mas ninguém nos conhece plenamente. Talvez isso entristeça você — ou, quem sabe, talvez deixe você feliz, pois algumas histórias de como você falou, agiu ou pensou no passado permanecem ocultas.

Talvez você tema o juízo ou a rejeição das pessoas cuja opinião e cujos afetos você valoriza profundamente. O encontro de Jesus com a mulher samaritana deve encorajar-nos quando percebemos que Jesus vê cada um de nós e nos conhece plenamente. Aqui, o encorajamento vem não pela aceitação de nossas falhas, mas pelo amor de um Salvador que veio para suportar o peso dessas falhas, levando sobre si nosso castigo e nos limpando de nossos pecados. Eis o nosso encorajamento duradouro: Jesus abriu caminho para que entrássemos na presença do Deus do universo (que enxerga cada coração). Por intermédio de Cristo, o Messias, conforme ele explicou a essa mulher, podemos tornar-nos o tipo de adoradores que Deus busca: aqueles que o adoram "em Espírito e em verdade" (v. 24).

Vislumbres: Jesus e as mulheres

Ao observarmos o encontro de Jesus com as mulheres, ressoam tantas afirmativas...

"*Vês esta mulher?*" (Lc 7.44). Foi o que Jesus falou ao seu anfitrião fariseu, que o desprezou por permitir que uma mulher notoriamente pecadora fizesse uma cena à mesa do jantar: ela chorou aos pés de Jesus, secando-os com seu cabelo e derramando sobre eles o perfume de seu vaso de alabastro. Simão, o fariseu, só conseguia ver alguém indesejável, uma mulher desprovida de valor, alguém em quem você não desejaria tocar. Jesus, contudo, viu uma mulher que amava muito aquele que poderia perdoar seus muitos pecados. E ele lhe disse que seus pecados haviam sido perdoados. Ele afirmou o coração crente daquela mulher: "A tua fé te salvou; vai-te em paz" (v. 50). Quando os outros não conseguiam enxergar, Jesus via essa mulher.

"*A tua fé te salvou*" (Lc 8.48). Jesus falou essas palavras não somente à mulher que ungiu seus pés; ele as disse a uma mulher que, no aperto da multidão, limitou-se a tocar a barra de sua capa (vv. 42-48). Essa mulher desejava ser curada de doze anos de sangramento — o que, conforme as leis do Antigo Testamento, a teria tornado impura e excluída da comunhão e do culto com o povo de Deus. Então, ela pensou que poderia tocar a roupa de Jesus sem ser notada. Mas, do mesmo modo que Jesus viu a mulher que ungia seus pés, também viu de verdade essa mulher sofredora e respondeu ao seu toque de fé curando seu corpo e sua alma. Jesus chama essa mulher de "filha": "Filha, a sua fé a curou! Vá em paz" (Lc 8.48; NVI).

A mulher que sofre sozinha não passa despercebida por Jesus. Ele a vê e a recebe na família de Deus à medida que ela coloca sua fé em Jesus. Você pode ser alguém que já ensinou sobre Jesus, e até mesmo falou bastante a seu respeito, mas que precisa dar aquele passo de simplesmente e verdadeiramente crer nisto: que Jesus, o Filho de Deus, realmente existe, que realmente ele é Deus e que põe os olhos sobre você e enxerga o seu coração. Se isso é verdade, requer uma resposta: cair a seus pés em gratidão por ele perdoar seus pecados; ele cura seu coração. Ao responder ao Senhor Jesus, você conhecerá a alegria de ser recebida como uma filha amada.

"Por que motivo não se devia livrar deste cativeiro [...] esta filha de Abraão?" (Lc 13.16). Jesus cura outra filha — aqui chamada "filha de Abraão", dessa vez na sinagoga e no sábado (vv. 10-17). Essa mulher estava entrevada, sem esticar o corpo, pois se encontrava aleijada havia dezoito anos. Quando Jesus toma o passo nada ortodoxo de chamá-la à frente na sinagoga e colocar sobre ela as mãos, "ela imediatamente se endireitou e dava glória a Deus". Os líderes religiosos condenam Jesus por curar no sábado; Jesus responde aos "hipócritas" — que desamarram seu boi ou seu jumento para lhes dar água no sábado — que ele libertará essa mulher das cadeias de Satanás no sábado. Essa mulher judia faz parte da família (ela descende de Abraão); mais importante ainda: essa mulher de fé faz parte da família de Deus. Mais uma vez, Jesus para com tudo a fim de curar uma mulher e recebê-la na família de Deus.

Encontramos tantas mulheres sofrendo nessas histórias! Encontramos também tantas mulheres de fé que procuram entrar na presença de Jesus — tantas mulheres vistas, cuidadas e curadas pelo Senhor Jesus.

"*Crês isto?*" (Jo 11.26). Foi o que Jesus perguntou a Marta, em uma conversa particular com ela depois da morte de seu irmão Lázaro. Ela correra para fora, a fim de se encontrar com Jesus quando ele se aproximava de sua casa. De pé, juntos, falando sobre a ressurreição, Jesus disse a Marta essas palavras veementes que têm estimulado a Igreja por séculos: "Eu sou a ressurreição e a vida. Quem crê em mim, ainda que morra, viverá; e todo o que vive e crê em mim não morrerá, eternamente" (vv. 25-26). Mas ele não apenas fez uma declaração; ele lhe fez uma pergunta: "Crês isto?".

Jesus se importa com o entendimento e a fé de cada seguidor individual, homem ou mulher. Foi à Marta que, anteriormente, ele repreendera por estar preocupada com muitas coisas: "Marta! Marta! Andas inquieta e te preocupas com muitas coisas. Entretanto, pouco é necessário ou mesmo uma só coisa; Maria, pois, escolheu a boa parte, e esta não lhe será tirada" (Lc 10.38-42). Jesus descreveu essa "uma só coisa" como "a melhor", aquela escolhida por sua irmã, Maria, na ocasião em que estavam recebendo Jesus (e provavelmente um grupo de discípulos) em sua casa. Marta "agitava-se de um lado para outro, ocupada em muitos serviços", mas Maria "quedava-se assentada aos pés do Senhor a ouvir-lhe os ensinamentos".

A preocupação evidente de Jesus com essas mulheres, para que elas ouvissem e cressem em sua palavra, era muito mais impressionante naquela época, pois as mulheres não podiam manusear ou estudar as Escrituras ao lado dos homens. As mulheres judias participavam do culto e, assim, podiam ouvir a Palavra, mas o culto era segregado (homens de um lado e mulheres do outro; e, para as mulheres, o estudo formal era proibido). Jesus, contudo, vem e ensina as mulheres ao lado dos homens. Jesus nutre pessoalmente Marta em sua fé, levando-a ao ponto de olhar para Jesus e responder à sua pergunta com força e clareza: "Sim, Senhor, respondeu ela, eu tenho crido que tu és o Cristo, o Filho de Deus que devia vir ao mundo" (Jo 11.27).

"*Não chores*" (Lc 7.13). Novamente, a multidão segue Jesus, dessa vez no vilarejo de Naim. Mais uma vez, Jesus para tudo por causa de uma mulher (vv. 11-17). Dessa vez, é uma viúva em procissão, levando para fora do portal da cidade o corpo morto de seu único filho. Lucas permite que vejamos a compaixão de nosso Salvador: "Vendo-a, o Senhor se compadeceu dela e lhe disse: Não chores!" (v. 13). Lemos não somente que Jesus ressuscitou esse filho da morte, mas também que ele "o restituiu a sua mãe" (v. 15).

Jesus olhou para as viúvas — aquelas que tantas vezes não eram notadas e que eram deixadas de fora, tanto naquele tempo como em nossos dias. A fim de ilustrar a oração fiel e incessante, ele contou uma parábola sobre uma viúva maravilhosamente persistente (Lc 18.1-8). Para revelar a natureza da verdadeira generosidade diante de Deus, ele aponta para uma pobre viúva que, com duas pequenas moedas, deu mais que todos os que colocavam suas ricas ofertas no tesouro do templo (Lc 21.1-4). Quando já se aproximava da morte, Jesus garantiu que sua própria mãe, Maria, seria cuidada pelo discípulo amado, João (Jo 19.26-27). Jamais devemos perder de vista quanto Jesus observa as mulheres ao seu redor. E observava não somente suas necessidades e seu sofrimento, como também sua fé, celebrando-a.

"*Vai ter com os meus irmãos e dize-lhes*" (Jo 20.17). Jesus disse essas palavras a Maria Madalena, comissionando uma mulher como a primeira testemunha de sua ressurreição. Maria Madalena fazia parte de um grupo de mulheres que seguiam Jesus e apoiavam seu ministério:

> Aconteceu, depois disto, que andava Jesus de cidade em cidade e de aldeia em aldeia, pregando e anunciando o evangelho do reino de Deus, e os doze iam com ele, e também algumas mulheres que haviam sido curadas de espíritos malignos e de enfermidades: Maria, chamada Madalena, da qual saíram sete demônios; e Joana, mulher de Cuza, procurador de Herodes, Suzana e muitas outras, as quais lhe prestavam assistência com os seus bens (Lc 8.1-3).

Os evangelhos deixam clara a tarefa crucial das mulheres no ministério de Jesus. Sim, os doze discípulos eram homens — procuraremos falar mais sobre a razão disso. Mas, junto com esses doze, estão as mulheres nomeadas e as "muitas outras" que acompanhavam Jesus. Elas representam todas as classes socioeconômicas; algumas aqui mencionadas eram viúvas ricas que dispunham de "seus [próprios] bens".

As mulheres estiveram ali do começo ao fim. Estiveram junto à cruz, quando muitos outros já haviam fugido de medo (Mt 27.55-56). Assistiram ao enterro (Lc 23.55). Foi Maria Madalena a primeira a ir ao túmulo naquele primeiro dia da semana após a morte de Jesus, enquanto ainda estava escuro (Jo 20.1). Foi Maria Madalena a quem primeiro Jesus apareceu e comissionou, a fim de ir contar aos discípulos que ele estava vivo, embora, naquela época, a lei não permitisse que as mulheres testemunhassem em tribunal. Desde o momento em que sua mãe, Maria, proclamou louvores a Deus pelo filho nela concebido até o momento em que Maria Madalena proclamou a notícia de sua ressurreição dentre os mortos, as mulheres estavam lá, bem no coração dos eventos mais cruciais da história humana, anunciando os acontecimentos que iluminam a eternidade.

Este é Jesus

Estas palavras veementes da escritora Dorothy Sayers oferecem um grande vislumbre de Jesus em relação às mulheres:

> Talvez não cause admiração que as mulheres tenham estado primeiro no Berço e que tenham

> sido as *últimas a deixar a Cruz*. Elas nunca haviam conhecido um homem como este Homem — jamais houve outro igual. Um profeta e mestre que nunca as aborrecia, alguém que jamais lisonjeou, coagiu ou agiu de forma indulgente em relação a elas; nunca fez piadas a seu respeito, nunca as tratou dizendo "As mulheres, que Deus nos acuda!" ou "As senhoritas, que Deus as abençoe!"; que repreendia sem queixa e louvava sem condescendência; que ouvia suas perguntas e levava a sério seus argumentos.[1]

Esse homem era diferente de qualquer outro porque era totalmente homem e plenamente Deus, o Filho de Deus encarnado. Jesus nos mostra como Deus vê as mulheres. Em Jesus, vemos que Deus valoriza as mulheres assim como ele valoriza todo ser humano — com toda a graça e com toda a verdade que emanam do coração de Deus.

Devemos cuidar para não sentimentalizar o relacionamento de Jesus com as mulheres. Esse é o brilho dos comentários de Dorothy Sayers: ela capta a forma como Jesus respeitava plenamente as mulheres e as desafiava como seres humanos portadores de sua imagem. No fim, o que nos afastará do sentimentalismo não será uma afirmativa sobre o valor das mulheres, mas uma visão clara da pessoa de Jesus. Precisamos ver Jesus em seu ministério sobre a terra, quando recebia e valorizava os seres humanos a quem

---

1 *Are Women Human?* (Eerdmans, 1971), p. 47.

viera salvar, e precisamos vê-lo em seu ministério celestial — conforme ele está agora mesmo.

Jesus, efetivamente, fez o que veio fazer na terra: morrer, carregando sobre si a ira de Deus por nossos pecados, para que todo aquele que venha a ele, como a mulher que chorava a seus pés, possa ser perdoado. Ressurgiu da morte, demonstrando o significado pleno daquela declaração à Marta de que ele é a ressurreição e a vida. E a grande realidade agora mesmo, enquanto você lê este livro, é que Deus "[ressuscitou Cristo] dentre os mortos e fazendo-o sentar à sua direita nos lugares celestiais, acima de todo principado, e potestade, e poder, e domínio, e de todo nome que se possa referir não só no presente século, mas também no vindouro" (Ef 1.20-21). Em sua visão do Cristo ressurreto no céu, o apóstolo João viu:

> no meio dos candeeiros, um semelhante a filho de homem, com vestes talares e cingido, à altura do peito, com uma cinta de ouro. A sua cabeça e cabelos eram brancos como alva lã, como neve; os olhos, como chama de fogo; os pés, semelhantes ao bronze polido, como que refinado numa fornalha; a voz, como voz de muitas águas. Tinha na mão direita sete estrelas, e da boca saía-lhe uma afiada espada de dois gumes. O seu rosto brilhava como o sol na sua força (Ap 1.13-16).

Esse é Jesus. É aquele que é glorioso, que veio à terra para nos mostrar o Pai, para que viéssemos ao Pai por seu intermédio. Jesus nos mostrou a glória de Deus ao se tornar homem — homem sem pecado, que nos ama e entregou sua vida por nós. É aquele a quem amamos, aquele que, na cruz, mostrou-nos como é grande o amor de Deus por nós. É a esse que adoramos — um homem diferente de qualquer outro: o Filho de Deus, que vê e conhece, que escuta e ouve, que acolhe, e cura, e salva. O amor de Cristo brilha da cruz, abraçando igualmente cada mulher e cada homem que vêm até ele. O amor do Cristo ressurreto, vindo do céu, move-nos adiante, em esperança, até o momento em que o veremos face a face. A quem mais poderíamos ir?

9 MULHERES E CASAMENTO

No último capítulo, vimos as mulheres em relação a Jesus. Agora vamos examinar as mulheres em relação ao casamento. Não é um salto justo de um assunto para o outro. Parece mais remoto, penso eu, quando se gasta mais tempo ensinando as mulheres a ser boas donas de casa do que ensinando-as a conhecer a Cristo. Quando Paulo fala às esposas e aos maridos em Efésios 5, ele para e comenta: "Grande é este mistério, mas eu me refiro a Cristo e à igreja (Ef 5.32). Jesus ensinou que o casamento é uma instituição temporária: "Porque, na ressurreição, nem casam, nem se dão em casamento" (Mt 22.30). O casamento não é eterno; é crucial porque demonstra algo eterno: Cristo e a igreja.

O QUE DEUS DIZ SOBRE AS MULHERES

A Bíblia dá atenção aos papéis dentro do casamento; nós também precisamos dar essa atenção — na medida em que nós, como a Bíblia, jamais cessamos de falar do Senhor Jesus e de seu povo redimido. Com esse foco, nosso alvo final não são apenas os casamentos felizes, mas também disseminar a glória de Cristo para sempre. E, com esse objetivo em mente, a discussão torna-se relevante e empolgante não só para os cristãos casados, mas para todos eles.

Entrando de cabeça: submissão

O assunto dos papéis masculino e feminino no casamento e na igreja tem sido detalhadamente dissecado pelos estudiosos bíblicos, os quais, com frequência, o categorizam sob dois rótulos geralmente conhecidos: "complementarista" e "igualitário".[1] Este livro se encaixa no rótulo "complementarista" — embora eu ache, cada vez mais, que esses rótulos ajudam cada vez menos. Focar a Bíblia e suas

---

1 Alguns exemplos podem ajudar. A posição "complementarista" é oferecida com uma sólida exposição por Claire Smith, em *God's Good Design: What the Bible Really Says about Men and Women* (Matthias Media, 2012). Veja também, de Andreas J. Kostenberger, *God, Marriage, and Family: Rebuilding the Biblical Foundation* (Crossway, 2004). O livro editado pelo dr. Kostenberger com Thomas Schreiner oferece uma discussão pastoral crítica e valiosa: *Women in the Church: An Analysis and Application of 1 Timothy 2.9-15* (Crossway, 2016). Uma obra complementar "clássica" foi editada por John Piper e Wayne Grudem: *Recovering Biblical Manhood and Womanhood* (Crossway, 1991). Outro volume mais antigo e ainda útil é o de James Hurley, *Man and Woman in Biblical Perspective* (Wipf and Stock, 2002, originalmente publicado pela Zondervan, 1981). Para uma perspectiva diferente, o editor e colaborador Gordon D. Fee (com os editores-gerais Ronald W. Pierce e Rebecca Merrill Groothuis) representa claramente a posição "igualitária" em *Biblical Equality: Complementarity without Hierarchy* (IVP Academic, 2005). Para um vislumbre mais pessoal e revelador da experiência daqueles que mudaram do complementarismo para o igualitarismo, veja *How I Changed My Mind about Women in Leadership*, ed. Alan F. Johnson (Zondervan, 2010). Uma visão geral de algumas das questões, lado a lado, pode ser encontrada em *Two Views on Women in Ministry*, editado por Stanley N. Gundry (Zondervan, 2005). Esses livros oferecem apenas um vislumbre representativo. Podemos encontrar neles inúmeras referências valiosas a outros autores e obras.

próprias palavras nos leva ao cerne desse assunto. Em geral, por mais desafiador que seja, o alvo para os cristãos deve ser que venhamos à Palavra de Deus (e continuemos ouvindo-a e aprendendo-a), não dando forma a ela de acordo com alguma posição preestabelecida.

Uns dois capítulos breves não vão responder a todas as perguntas que podemos ter! Quero lançar o foco em Efésios 5, pois alguns dos ensinamentos mais claros da Bíblia sobre o casamento vêm nessa carta enviada a Éfeso, revelando a beleza e a unidade de Cristo e de sua igreja. Neste capítulo, Paulo chama a igreja para uma vida de testemunho de Cristo, cheia do Espírito — e, em 5.21–6.9, ele leva esse chamado para dentro do lar. Seu "código da casa" dá instruções para três relacionamentos: marido e mulher; filhos e pais; servos e senhores. A seção toda começa com uma ideia principal: "sujeitando-vos uns aos outros no temor de Cristo" (5.21). Como essa submissão acontece? Primeiro, das mulheres em relação a seus maridos: "As mulheres sejam submissas ao seu próprio marido, como ao Senhor; porque o marido é o cabeça da mulher, como também Cristo é o cabeça da igreja, sendo este mesmo o salvador do corpo. Como, porém, a igreja está sujeita a Cristo, assim também as mulheres sejam em tudo submissas ao seu marido (vv. 22-24).

Submissão significa, literalmente, *ser colocado sob*. O termo carrega consigo o significado de se sujeitar à liderança ou à autoridade de outro — nesse caso, o marido, que é o "cabeça" da mulher. Essa palavra "cabeça" pode significar literalmente uma cabeça que está no topo do corpo ou, figurativamente, uma pessoa com autoridade, ou "fonte", origem (como a fonte ou a cabeça de um rio). O significado mais evidente e imediato aqui, se uma mulher é chamada a se *submeter* a esse cabeça, é que o cabeça carrega a autoridade *sob a qual* a esposa se coloca.

Esse significado de "cabeça" é confirmado primeiro por um claro paralelo estabelecido nessa passagem, entre o contexto do casamento e o da igreja. Paulo coloca dois relacionamentos (e duas cabeças) lado a lado: o marido é o cabeça da mulher, tal como Cristo é o cabeça da igreja. A ideia de Cristo como cabeça, com autoridade, já havia aparecido em Efésios; vimos isso em 1.20-21, no capítulo anterior deste livro, e Paulo continua: "E pôs todas as coisas debaixo dos pés e, para ser o cabeça sobre todas as coisas, o deu à igreja" (Ef 1.22-23).

Cristo é designado pelo Pai cabeça sobre tudo para a Igreja (que, então, estaria sob a autoridade plena de Cristo). Trata-se de uma maravihosa perspectiva maior de Cristo, e nós temos o privilégio de estar nela!

De volta a Efésios 5, a ordem às mulheres é expressa em termos paralelos: assim como a Igreja se submete a Cristo, também as esposas devem ser submissas a seus maridos. O relacionamento temporário e visível (maridos e mulheres) aponta para um relacionamento eterno e invisível no presente (Cristo e a Igreja). Fica claro o aspecto do casamento à medida que esse paralelo vai-se desdobrando. Os maridos e suas mulheres não devem apenas ter em vista bons casamentos. Seu alvo máximo é mostrar a grande verdade de um povo amado por Cristo, nosso Redentor, o cabeça, aquele a quem devemos obedecer e servir para todo o sempre.

Mais uma vez, Paulo apresenta Cristo como cabeça quando fala sobre os papéis das mulheres e dos homens em um versículo surpreendentemente claro e profundo, 1 Coríntios 11.3: "Quero, entretanto, que saibais ser Cristo o cabeça de todo homem, e o homem, o cabeça da mulher, e Deus, o cabeça de Cristo". Essa introdução a uma passagem bastante complexa mostra pelo menos uma verdade clara: nos relacionamentos humanos, há uma ordem que reflete a ordem na Divindade. Aqui é-nos dito que Cristo possui um cabeça: Deus-Pai. Mesmo que, em sua natureza, Cristo seja verdadeiramente Deus, ele se submeteu a seu cabeça, o Pai: "Porque eu desci do céu, não para fazer a minha própria vontade, e sim a vontade daquele que me enviou", disse Jesus (Jo 6.38).

Assim como o Pai e o Filho se relacionam em diferentes papéis, também os maridos e as esposas, criados igualmente à imagem de Deus, relacionam-se por meio de papéis diferentes, sendo que o homem é chamado "cabeça". Tal verdade confirma a ordem que vimos permeando o relato da Criação em Gênesis. De fato, nessa passagem, Paulo retoma aquele antigo relato para dar suporte ao conceito:

"Porque o homem não foi feito da mulher, e sim a mulher, do homem. Porque também o homem não foi criado por causa da mulher, e sim a mulher, por causa do homem (1Co 11.8-9). Mais adiante, voltaremos a essa passagem; o que estamos olhando agora são as verdades básicas de que ser cabeça implica ordem e autoridade, e que a condição de cabeça é, antes e acima de tudo, encontrada no próprio Deus. A criação de Deus reflete o Deus Criador.

Assim, voltamos às mulheres, chamadas para que sejam submissas a seus maridos como cabeças, do mesmo modo que a Igreja se submete a Cristo como sua cabeça. As instruções de Efésios 5 sobre o casamento não param no versículo 24. E, ainda que parassem, a ordem para as mulheres seria bastante clara, especialmente à luz do contexto bíblico que acabamos de ver; a esposa é chamada para se colocar (note bem, não ser colocada, mas colocar a si mesma) sob a liderança e a autoridade de seu marido.

Perguntas

Não tenho encontrado muitas mulheres que queiram discutir as leis do Antigo Testamento sobre as pessoas capturadas nas batalhas — por mais importante que seja esse assunto. Mas tenho encontrado mais mulheres do que consigo contar com perguntas a respeito do casamento e da submissão. Como não questionar? *Será que esses versículos realmente querem dizer aquilo que parecem significar? Com o* que essa espécie de submissão realmente se parece? Como é possível ver isso como belo ou bom?

Essas perguntas afetam profundamente nossas vidas e a vida das pessoas ao nosso redor. E essas questões estão entre as mais importantes do mundo — porque se relacionam mais do que apenas a este mundo. No restante deste capítulo, considero cinco perguntas que regularmente me encontro discutindo.

Primeira pergunta:

Não é verdade que, em Cristo, não pode haver homem nem mulher (Gl 3.28)? Essa verdade não cancelaria a ordem de as mulheres se submeterem aos seus maridos? Aqui, Paulo não estaria afirmando que o evangelho deixa para trás o sexismo da submissão?

Em Gálatas 3.28, Paulo fala a respeito da unidade no corpo de Cristo: "Dessarte, não pode haver judeu nem grego; nem escravo nem liberto; nem homem nem mulher; porque todos vós sois um em Cristo Jesus".

Como pessoas vivificadas pela fé em Cristo, nós somos um só corpo ligado à cabeça. Fomos todos redimidos por seu sangue e, juntos, vivemos nele. Mas essa igualdade da vida em Cristo não cancela nossas diferenças: uma mulher não se torna uma *não mulher*, e um escravo não se torna um *não escravo*. Aqui está a beleza: mesmo com as diferenças, somos todos iguais em valor, como seres humanos criados e redimidos.

Vimos que, em 1 Coríntios 11, Paulo afirma uma ordem para homens e mulheres desde a Criação. Porém, na mesma passagem, ele também afirma a igualdade de homens e mulheres no Senhor: "No Senhor, todavia, nem a mulher é independente do homem, nem o homem, independente da mulher. Porque, como provém a mulher do homem, assim também o homem é nascido da mulher; e tudo vem de Deus" (1Co 11.11-12).

Paulo não tem medo de afirmar relacionamentos de ordem hierárquica e de valor igual em Deus, nosso criador e redentor. Alguns sugerem que a ordem introdutória de Efésios 5.21 ("Submetei-vos uns aos outros") é um chamado para todos se submeterem uns aos outros —nivelando, de certa forma, a ordem. Na verdade, todo crente é chamado a se submeter aos outros irmãos, colocando os interesses dos outros antes de seus próprios interesses, assim como Cristo fez ao se tornar servo. Porém, em Efésios 5, essa ordem se desenrola em três conjuntos de relacionamento, em que um lado deverá submeter-se ao outro, sem reciprocidade. Aos maridos, não é mandado que se submetam às suas mulheres, nem os pais aos filhos, nem os mestres a seus escravos. Os que têm autoridade recebem ordens diferentes, conforme veremos. Embora todos nós devamos ter a mesma humildade de coração de servo e embora sejamos todos amados igualmente por nosso Pai, não somos todos iguais.

Segunda pergunta:

E se meu marido não for como Cristo? Como posso submeter-me a alguém que não é um bom líder? Se ele fosse, eu seria submissa. Isso não me parece justo.

Não podemos deixar de notar que Paulo dá essa ordem de submissão sem muitas considerações passíveis de discussão. O marido é o cabeça, diz Paulo — ponto. As mulheres devem ser submissas "em tudo" a seu marido. Parece que isso é pedir demais a muitas esposas de tantos homens imperfeitos. Ajuda quando, antes de tudo, vemos o que é ordenado aos maridos: que sejam como Cristo, o qual, por amor à Igreja, entregou a sua vida:

> Maridos, amai vossa mulher, como também Cristo amou a igreja e a si mesmo se entregou por ela, para que a santificasse, tendo-a purificado por meio da lavagem de água pela palavra, para a apresentar a si mesmo igreja gloriosa, sem mácula, nem ruga, nem coisa semelhante, porém santa e sem defeito. Assim também os maridos devem amar a sua mulher como ao próprio corpo. Quem ama a esposa a si mesmo se ama (Ef 5.25-28).

A única coisa que é mais difícil do que submeter-se a alguém como cabeça é ser esse cabeça. Como um homem poderá algum dia viver o amor infalível de Deus por seu povo?

É aqui que entra a graça. Como vivemos em Cristo, Cristo vive em nós, concedendo-nos seu poder da ressurreição, por seu Espírito; Paulo falou "enchei-vos do Espírito" (v. 18). Não conseguimos seguir perfeitamente os mandamentos de Deus, quer como pessoas que tenham de se submeter, quer como aqueles a quem os outros se submetem. Porém, a realidade é que, apesar de nosso *eu* pecaminoso, somos chamados pela graça de Deus a viver a imagem de Cristo e de sua Igreja; a Palavra nos diz que isso foi o que Deus planejou para o casamento.

Na verdade, essa ordem de submissão vem com uma qualificação breve, mas crucial. As mulheres devem submeter-se a seus maridos *como ao Senhor* (v. 22). Isso quer dizer que a submissão da esposa não se baseia na qualificação do marido para o papel; o aspecto principal é sua submissão a Cristo, e a submissão ao marido reflete o relacionamento dela com Cristo, o Senhor, e flui desse relacionamento — na verdade, isso torna a submissão infinitamente mais valiosa e bela. Pedro até mesmo ordena que as mulheres se submetam a maridos que não são crentes: "Mulheres, sede vós, igualmente, submissas a vosso próprio marido, para que, se ele ainda não obedece à palavra, seja ganho, sem palavra alguma, por meio do procedimento de sua esposa, ao observar o vosso honesto comportamento cheio de temor" (1Pe 3.1-2). No final, o casamento trata do evangelho do Senhor Jesus. Submeter-se "como ao Senhor" significa também que, se um marido pede à mulher que faça o contrário do

MULHERES E CASAMENTO

que agrada ao Senhor, ela obedecerá ao seu Senhor, e não ao seu marido. Se meu marido pede que eu minta ou adultere, por exemplo, eu não me submeterei a ele.

Isso quer dizer que eu não me submeto ao abuso: ou seja, a um marido que usa sua condição de cabeça como desculpa para ferir — até mesmo física ou sexualmente. O abuso pode ocorrer, e ocorre, de muitas formas, representando o reverso total do plano de Deus para o casamento. Desde a Queda, os homens agem de forma severa com as mulheres; o abuso faz parte do resultado do pecado que Cristo veio vencer. Cristo nos aponta para um caminho redimido, o caminho da cruz. À luz de sua morte e do poder de sua ressurreição em nós, o marido é chamado a rejeitar o pecado da dominação áspera e, em vez disso, ser um líder-servo. A esposa, igualmente, é chamada para rejeitar um desejo de contenda e, em vez disso, submeter-se à liderança do marido. Se esse chamado não for atendido por qualquer dos cônjuges a ponto de haver abuso, a esposa que foi abusada tem de receber ajuda do corpo da igreja da qual faz parte.

É absolutamente crucial lembrar que essa passagem em Efésios vem em um contexto de instrução, não aos indivíduos, mas à igreja. Uma esposa que foi abusada nunca deveria sofrer sozinha no corpo da igreja. Um cônjuge abusador em uma igreja jamais deverá ser deixado de lado. Pois os líderes de uma congregação têm a responsabilidade de lidar não somente com o erro doutrinário, mas também com os erros morais entre seus membros. No caso do abuso, é responsabilidade da igreja tratá-lo por inteiro, buscando a segurança e o bem-estar dos membros da igreja, bem como as autoridades civis, na hipótese de as leis serem violadas.

O modelo bíblico para o casamento não conduz ao abuso. O pecado é que leva ao abuso. Sim, o modelo bíblico tem sido usado equivocadamente como desculpa para o abuso, e algumas mulheres têm afirmado, de modo equivocado, que a Bíblia ensina que elas precisam submeter-se ao abuso sem alternativas. Mas não é verdade que o uso pecaminoso da instrução bíblica torne má essa instrução ou a invalide. Isso seria como culpar e descartar a ordem de exercer hospitalidade porque existem alguns anfitriões que envenenam a comida servida aos visitantes.

Efésios 5 traz o bom chamado de Deus aos maridos, para que entreguem a vida pelo bem de suas esposas — e o bom chamado de Deus às esposas para que se submetam a eles, como ao Senhor. É um chamado para viver a ilustração viva da graça de Deus em relação a nós em Cristo. Trata-se de um chamado gracioso. E nós só podemos responder a isso pela graça de Deus e, por meio dela, mostrar a graça de Deus a um mundo atento.

Terceira pergunta:

Mas essas ordens não são ultrapassadas e ligadas apenas à cultura da época? Paulo não estaria apenas refletindo a sociedade sexista em volta dele?

MULHERES E CASAMENTO

É aqui que entra Gênesis. Paulo não baseia seu argumento nas normas culturais de seu tempo. As palavras de Paulo, inspiradas por Deus, voltam nosso olhar para trás: de volta aos fundamentos da Criação, que se expandem por todo o tempo e por todo o espaço. Já vimos um exemplo disso em 1 Coríntios 11.8.

Mais uma vez, em Efésios 5, logo depois de dar instruções aos maridos, Paulo acrescenta: "Eis por que deixará o homem a seu pai e a sua mãe e se unirá à sua mulher, e se tornarão os dois uma só carne" (v. 31). Paulo extrai essa afirmação da história da Criação (assim como vimos Jesus fazer), colocando-a bem no meio de suas instruções à igreja sobre o casamento. Ele diz que o modelo fundamental do casamento estabelecido no Éden é aquele que Deus intentou, e intenta, que permaneça. Ficou manchado e maculado pelo pecado. No entanto, é o modelo que permanece, pois, desde o princípio, tinha o propósito de mostrar o mistério de Cristo e de sua Igreja.

As instruções de Paulo aos maridos e às esposas limpam a janela embaçada do casamento, deixando que vejamos, de forma transparente, a realidade de Cristo e de sua igreja. Esse plano para o casamento não é amarrado culturalmente; de fato, as ordens de Paulo aos maridos eram revolucionárias em meio a um mundo em que as esposas não tinham direitos e, em geral, não eram tratadas com respeito. Os mandamentos para amar e entregar a vida erguem as mulheres da condição de objetos para seres humanos tidos como tesouros preciosos. São mandamentos saturados pelo evangelho, e eles são para o bem das mulheres.

    Esse bem tem sido confirmado cultura após cultura em que os homens que se encontram com Cristo aprendem a agir como Cristo em relação às suas esposas. Em algumas culturas, a mudança tem sido dramática — como em Irian Jaya (Nova Guiné Ocidental; hoje Papua, Indonésia). Quando visitei essa região, fiquei maravilhada com as comunidades cheias de alegria dos muitos cristãos de lá. Mas eles lhe contarão histórias das gerações passadas, quando o povo, espalhado por muitos vilarejos isolados, adoravam deuses falsos. As mulheres sofriam muito: eram excluídas das cerimônias religiosas, viam-se forçadas a viver em cabanas separadas, às vezes morrendo de fome quando só havia comida para os homens, e frequentemente sofrendo com a perda, quando um filho seu era levado para ser sacrificado aos deuses. Hoje em dia, vilas inteiras são cristãs, e muitos homens e mulheres estão aprendendo as Escrituras e adorando, juntos, a Deus. A fé cristã tem transformado suas vidas — especialmente as das mulheres e das crianças.[2]

    A visão bíblica do casamento não está atrelada à cultura; ela transforma práticas pecaminosas em todos os

---

2 Foi um privilégio conhecer Wes e Esther Dale, no vilarejo de Mamit, Papua, Indonésia. (Ainda é necessário ir de avião para essa área cercada por montanhas, aterrissando em uma pista de cascalhos.) Stan, pai de Wes, estava entre um grupo de missionários australianos que introduziram o cristianismo junto a alguns povos em Papua. Stan Dale foi morto e provavelmente vítima de canibalismo por um desses grupos; a história é contada por Don Richardson em *Senhores da Terra* (Editora Betânia). Wes e sua família permaneceram ali, ensinando e traduzindo a Bíblia, bem como dando treinamento aos pastores locais.

tempos e lugares — ainda não perfeitamente. Existe ainda um mundo cheio de pecado. Mas a visão do casamento na Escritura é a longo termo, expandindo-se desde a Criação até o dia em que Jesus voltará. Quando ele vier, teremos um foco completo, e o Noivo Jesus encontrará sua noiva, a Igreja.

Quarta pergunta:

Tenho de ser um capacho e não trabalhar fora de casa; apenas criar os filhos, sem ter opinião própria a respeito das coisas? A descrição do trabalho para a submissão soa simplesmente sexista.

Considere a reportagem seguinte, oferecida como se fosse um fato, por uma mulher que chama o ensino sobre cabeça e submissão "abuso batizado" e "teologia tóxica":

> Ideias como maternidade bíblica, quem é o cabeça e autoridade masculina ensinam *às* mulheres que elas não têm direito de escolha... bem... de nada. Uma ida ao shopping depende do seu marido, quando ele decide que isso é da sua conta. Se ele resolver que ela precisa ficar em casa e implementar o ensino doméstico aos filhos, em vez de cursar uma pós-graduação para obter um Ph.D., não há o que discutir. Ela não opina sobre a questão. Se ele decide que quer fazer sexo, a enxaqueca da mulher *não tem importância. Se ele decide que ela tem de emagrecer, ela faz regime. Se ele resolve que ela tem*

de se maquiar, ela vai comprar na loja Sephora. Nada disso é considerado abuso. É considerado autoridade do marido, dada por Deus (...) O complementarismo significa que as mulheres casadas não têm nenhuma escolha sobre suas próprias vidas.[3]

Se a descrição dessa escritora do que significam cabeça e submissão bíblicas fosse correta, eu concordaria com sua conclusão! Com certeza, tem havido (e existe) gente que contribuiu para essa descrição, em virtude de seus atos e abusos. Mas você não encontrará nas páginas da Escritura nada que permita algo parecido com essa descrição.

Uma das belezas das instruções da Escritura é que ela não prescreve detalhes práticos quanto àquilo que seja cabeça ou submissão. Isso pode incomodar aqueles que querem que a Bíblia ofereça regras precisas para tudo. Mas isso não acontece. E eu fico contente que seja assim. Não devemos tentar fazer que seja diferente disso. A Escritura traz algumas palavras específicas para as esposas, e algumas para os maridos — e milhares delas para todos os crentes. É por essa razão que as mulheres (e os homens) precisam primeiro e acima de tudo focar no conhecimento de Cristo. As mulheres (e os homens) precisam estudar, ensinar e viver as

---

3 Carol Howard Merritt, "Does Teaching Submission Encourage Abuse?", *Christian Century* (17/03/17), Disponível em www.christiancentury.org/blog-post/does-teachingsubmission-encourage-abuse. Acesso em 24 mar. 2017.

Escrituras por inteiro. Então, acontecerá naturalmente de uma esposa submeter-se a seu marido, tal como ao Senhor. Seguirá mais naturalmente o marido amar sua esposa com um amor como o de Cristo. Nosso relacionamento com o Senhor Jesus Cristo é primário e flui em todos os outros relacionamentos. Esse é o ponto-chave.

Como uma esposa procura ser biblicamente submissa ao marido assim como o é ao Senhor? Uma amiga me disse que, se temos de agir como a Igreja em relação a Cristo, é uma boa ideia verificar como a Igreja foi chamada a se relacionar com ele. Em Efésios 5, por exemplo, Paulo diz à igreja de Éfeso que estejam "provando sempre o que é agradável ao Senhor" (v. 10), e procurando "compreender qual a vontade do Senhor" (v. 17).

Refletir sobre essas ordens nos versículos anteriores me ajuda a entender a submissão nos versículos que vêm depois. Essas ordens não especificam determinadas ações, mas uma atitude de coração, a qual procura compreender e agradar. Uma atitude assim significa respeitar a vontade do marido, às vezes até mesmo dobrando sua própria vontade à dele. Significa reservar um tempo para escutar o que o marido diz. Significa considerar como ser uma auxiliadora mais adequada àquele que Deus me deu para ajudar. Alguns maridos podem querer que suas esposas os ajudem a arrumar as malas (o meu não gosta); alguns gostam de ajuda para conversar sobre o preparo para ensinar (o meu gosta disso). A submissão acontece internamente, pela graça de

Deus. Não tem a ver com ter opiniões ou expressá-las (por vezes, opiniões diferentes das do meu marido); com ser uma mulher forte, atenciosa; ou com resolver um monte de coisas por conta própria. Pode ter a ver com aprender a respeito de algo ou de alguém que, de outra maneira, eu não estaria interessada em saber. Pode significar estar disposta a me mudar para um lugar que eu não escolheria para viver.

Dependendo dos fatores singulares de cada casamento, a ajuda de uma esposa parecerá bastante diferente da ajuda de outra. Mesmo em diversos contextos, contudo, o que se assemelha é a atitude do coração, de respeito, que uma esposa submissa tem em relação ao seu marido, que dá sabor ao lar com distinta e bela harmonia.

Não é que as Escrituras não ofereçam diretrizes concretas. Por exemplo, a Escritura é clara quanto aos filhos serem herança do Senhor (Sl 127.3) e, portanto, eles devem ser recebidos com alegria dentro do casamento, caso Deus escolha concedê-los. Originalmente, Deus mandou que os seres humanos fossem frutíferos, multiplicassem e enchessem a terra; muitas gerações de filhos faziam parte do seu plano. O profeta Malaquias pregou ao povo de Deus a respeito da fidelidade no matrimônio e fez os filhos serem parte dessa mensagem: "Ele buscava a descendência que prometera. Portanto, cuidai de vós mesmos, e ninguém seja infiel para com a mulher da sua mocidade" (Ml 2.15). Não mencionarei mais conclusões aqui, exceto o fato de que, evidentemente, Deus gosta de crianças! Em sua infinita sabedoria, ele projetou as mulheres para ser quem os carrega e nutre dentro de seus próprios corpos.

Se Deus conceder filhos, a esposa é chamada a tornar sua prioridade o amor e o cuidado para com eles, sob a liderança de seu marido. Tito 2 diz que as mulheres mais velhas devem instruir "as jovens recém-casadas a amarem ao marido e a seus filhos, a serem sensatas, honestas, boas donas de casa, bondosas, sujeitas ao marido, para que a palavra de Deus não seja difamada" (2.4-5). A prioridade da família de uma mulher está bem clara aqui. O chamado para um caráter piedoso e um trabalho árduo também está bem claro, incluindo o trabalho dentro de casa, mas, com certeza, não exclui o trabalho fora de casa.

Na verdade, boa parte do que hoje se faz fora de casa ocorria dentro das casas naquela época. Priscila (que, mais tarde, vamos conhecer) pode ter filhos ou não, mas nós estamos certos de que ela e seu marido trabalhavam juntos em casa, confeccionando tendas, recebendo hóspedes e organizando as reuniões da igreja, bem como discipulando as pessoas (At 18.2-3, 26; Rm 16.3-5). Tito pastoreava em Creta, onde parece que muitas pessoas não tinham princípios e eram preguiçosas (Tt 1.12) — e, com certeza, isso incluía as mulheres. Aqui, há um belo foco ativo, em direção aos de fora, para as diversas partes da igreja: para as esposas, a motivação consistia em que "ninguém difame a palavra de Deus" (2.5). O "lar" torna-se um trampolim para o testemunho do evangelho, em vez de um lugar de retiro ou ocupação que consuma todo o tempo.

As esposas vivenciam essas verdades de Cristo de todas as formas — maneiras que suprimem os estereótipos da submissão. Certa vez, publiquei um artigo no site The Gospel Coalition, que inclui as vozes de mulheres casadas e comprometidas com o ensino bíblico quanto aos conceitos de cabeça e submissão.[4] Eram mulheres fortes, talentosas, ativas e piedosas. Elas davam testemunho do modo como seus maridos as encorajavam com amor, apoiando-as no desenvolvimento de seus dons. Bons exemplos são abundantes na igreja; e essas histórias precisam ser contadas. Contudo, muitos dos comentários feitos no blog pareciam céticos, dizendo, em suma, "Fala sério — isso não pode ser verdade! Nós sabemos que as esposas que se submetem a seus maridos não podem realmente viver vidas tão ricas e realizadas!". Mas isso era, e é, real. As esposas comprometidas com esses ensinamentos bíblicos conhecem uma plenitude que não se pode medir, porque estão vivendo uma realidade muito maior que seu próprio casamento; elas são o retrato vivo de Cristo e de sua Igreja.

---

[4] "Wives Speak Out". Disponível em www.thegospelcoalition.org/article/wives-speak-out. Acesso em 23 mar. 2017.

Quinta pergunta:

Mas eu estou solteira. Como tudo isso se aplica a mim?
De inúmeras maneiras.

Para começar, todo crente precisa entender essas verdades a fim de ensiná-las e falar corretamente a seu respeito; todos nós somos responsáveis por levantar a próxima geração de crentes. A Igreja será fortalecida por um coro de diversas vozes que dão testemunho da bondade da revelação de Deus no que diz respeito ao casamento, falando claramente e de uma maneira cativante em um mundo que, cada vez mais, contradiz a Palavra de Deus a todo momento. Essas não são verdades a serem escondidas. São verdades que devem ser celebradas, pois todas dizem respeito ao Senhor Jesus. Por meio da família e dos amigos, todos nós conhecemos tristezas e alegrias em relação ao casamento. E, somente à luz da palavra inspirada pelo Espírito, podemos processar os meios doloridos em que o plano de Deus para o casamento se quebra, ou podemos nos alegrar verdadeiramente quando vemos Cristo e a Igreja sendo claramente demonstrados por um marido e por sua esposa. Somente em consonância com essa palavra podemos encorajar e orar corretamente pelos casamentos daqueles que nos cercam.

Hebreus 13.4 diz: "Digno de honra entre todos seja o matrimônio, bem como o leito sem mácula". Esse versículo fala a todo crente. Para começar, significa que, como mulher, não procurarei ter interação íntima de qualquer espécie com um homem que seja marido de outra pessoa, ou, talvez, futuro marido de outra mulher. Essa é uma advertência graciosa que nos ajuda a vigiar contra a impureza em nossos relacionamentos. Em última instância, advertências desse tipo ajudam a fortalecer a Igreja e deixar bem clara a imagem de Cristo que queremos mostrar uns aos outros, bem como ao mundo a nosso redor. Se o conteúdo de Efésios 5 é verdadeiro, honrar o casamento traz honra a Cristo e à Igreja.

Ansiando por Cristo

Finalmente, ver o casamento como a figura de Cristo e da igreja nos faz desejar ansiosamente por sua vinda. Tal desejo parece crescer tanto nas pessoas casadas como nas solteiras. Até mesmo nos melhores casamentos, existem, inevitavelmente, um senso de imperfeição, momentos de falhas e o sofrimento diante da perda de seu cônjuge. Até mesmo as alegrias do casamento são infundidas com o anseio pelo Doador máximo de Eterna Alegria. Em casamentos que lutam para sobreviver, nos quais a janela para Cristo e a Igreja está muito, muito embaçada, e a vida pode ser muito difícil, a necessidade de nosso cabeça perfeito se torna extremamente clara e o futuro da Igreja se torna cada vez mais precioso. Na solteirice, a pessoa anseia por um companheiro, por intimidade, por uma presença amorosa comum e compartilhada... por tudo que, em última instância, é satisfeito no Senhor Jesus Cristo. Algumas amigas solteiras parecem ter uma alegria distintamente focada em

Cristo, um grande anseio por ele; elas aprenderam a ter profunda comunhão com o Único que pode satisfazer às nossas necessidades humanas mais profundas.

Pensar no mistério do casamento e em como ele nos mostra Cristo e a Igreja faz todos nós desejarmos ver nosso Redentor face a face. Para os seguidores de Jesus Cristo, o casamento, de qualquer ângulo, nos faz ansiar por sua volta.

10 MULHERES E A IGREJA

Chegamos agora à igreja. Durante todo esse tempo, temos estendido as mãos para ela, mas, por fim, estamos inteiramente aqui. Descobri que, com frequência, as mulheres iniciam a discussão sobre as mulheres e Deus com a igreja — porque é aqui que vivemos, ou almejamos viver, em relacionamentos da vida real com outros crentes. Talvez você seja uma mulher que serve, feliz, numa congregação local. Talvez esteja apenas considerando envolver-se com uma. Talvez esteja em meio a uma discussão acalorada sobre papéis de gêneros dentro de sua igreja. Talvez você ame a sua igreja e deseje servir a ela, mas tem dificuldade para entender como. Talvez você tenha sido ferida por uma igreja, ou sinta que aquelas regras que excluem as mulheres do pastorado e do presbitério simplesmente não são justas. (Talvez você fique sentada escutando os sermões, pensando secretamente que você mesma pregaria melhor.)

Em um livro que afirma a bondade de Deus em relação às mulheres, temos de abordar o assunto da igreja. Pois a igreja é a solução maravilhosa para a história da Bíblia.

O lugar da igreja na história

Talvez o mais importante neste capítulo seja o fato de ele se desenvolver sobre todos os capítulos anteriores, a começar pelo Capítulo 1 de Gênesis. Todo o resto da história confirma o propósito de Deus para os seres humanos que ele criou: a união em verdadeira adoração a Deus. Jesus veio para entregar sua vida e realizar esse propósito. O casamento ilustra bem isso. Todos nós que vivemos nele temos o privilégio de vivenciar esse propósito, tanto agora como por toda a eternidade, como a noiva de Cristo — como a igreja.

O que é a igreja? Às vezes, ao falarmos da igreja em relação a questões como os papéis das mulheres e dos homens, tendemos a pensar nela como a organização em que temos de encontrar nosso lugar por um tempo — assim como uma empresa, na qual as pessoas trabalham como funcionárias.

A Bíblia, contudo, mostra a igreja como um organismo vivo: o corpo de Cristo ligado a Cristo, nossa cabeça (Cl 1.18; Ef 5.23); a casa espiritual de pedras vivas, tendo Jesus como pedra fundamental (1Pe 2.4-6); e, conforme vimos no capítulo anterior, a noiva de Cristo, aquela que ama, como nosso noivo, a Igreja (Lc 5.33-35; Ef 5.25-33). Tais figuras iluminam a história em que vivemos como povo de Deus. Se somos crentes, nossa identidade muda para sempre, e fazemos parte desse povo de pessoas eternamente redimidas chamadas "Igreja".

Algumas vezes (nem sempre), uma letra maiúscula indica que estamos nos referindo à "Igreja" universal: o povo de Deus em todos os lugares e em todos os tempos. A Igreja universal é uma comunidade invisível de crentes que se tornará visível e completa quando Jesus voltar. Até lá, vivemos em vários postos avançados dessa Igreja: congregações locais que fazem parte da presente igreja visível, que seguem a Palavra de Deus e são chamadas para fazer discípulos de todas as nações. Depois dos Evangelhos, todos os livros do Novo Testamento falam ao contexto das igrejas locais. Essas igrejas representam nossa identidade em Cristo: a igreja é quem nós somos.

Para mulheres cristãs, portanto, a questão não é se conseguimos encontrar um lugar na igreja. A questão é como vivenciaremos nosso lugar dentro do corpo de Cristo — e como os homens e as mulheres de nossas igrejas podem, juntos, mostrar Cristo ao mundo.

Vimos que, em sua vida na terra, Jesus mostrou respeito pleno e idêntico às mulheres e aos homens ao seu redor. Esse mesmo Jesus, que é cabeça da sua Igreja, faz o mesmo. Deus enviou seu Filho para restaurar homens e mulheres em um relacionamento com ele e uns com os outros. O quadro inteiro dessa restauração explode à vista da Igreja, quando homens e mulheres tornam-se um com Cristo. Essa é a restauração que durará para sempre. Como crentes, temos o privilégio de vivenciar isso agora.

Vivendo aquilo em que cremos

Como, então, as mulheres devem viver segundo o lugar atribuído por Deus no corpo de Cristo, a igreja? Uma boa maneira de responder a essa pergunta é olhar exemplos e descrições de mulheres mencionadas nas epístolas do Novo Testamento, as cartas inspiradas pelo Espírito, escritas pelos apóstolos a diversos pastores e igrejas. É frequente começar tentando esclarecer o que essas epístolas não permitem que as mulheres façam, para, então, reconhecer brevemente aquilo que as mulheres podem fazer. Vamos começar com *aquilo que nós vemos as mulheres fazendo*. Nesse processo, veremos não somente os limites e como fazem sentido; veremos também todo o cenário e como é belo.

O panorama da igreja é lindo porque inclui uma grande diversidade de seres humanos, homens e mulheres, jovens e velhos, que, juntos, fazem parte do corpo de Cristo. Enquanto focamos as palavras diretamente relacionadas às mulheres, é importante continuar lembrando que o Novo Testamento é pleno de ensinamento e encorajamento, os quais aplicam-se, igualmente, a homens e mulheres. É bom ver o panorama completo da igreja, recebendo, todos juntos, ordens como as de Paulo para que a Palavra habite ricamente em nós: "Habite, ricamente, em vós a palavra de Cristo; instruí-vos e aconselhai-vos mutuamente em toda a sabedoria, louvando a Deus, com salmos, e hinos, e cânticos espirituais, com gratidão, em vosso coração" (Cl 3.16).

Orar e profetizar

Voltemos a 1 Coríntios 11, passagem na qual vimos que Paulo começava mostrando uma ordem entre mulher e homem que reflete a ordem entre Cristo e Deus. Esse é o princípio central da seção em que Paulo trata das práticas no culto, uma de suas áreas de instrução para a igreja em Corinto.

O ponto central de Paulo é que as distinções criacionais entre homens e mulheres devem ser respeitadas e afirmadas no culto. Ele aplica esse aspecto aos coríntios no que diz respeito ao uso de véus e ao comprimento do cabelo, que tinham significados específicos para homens e mulheres naquela sociedade. Esperava-se, por exemplo, que uma mulher casada cobrisse a cabeça, mostrando essa condição.

A cabeça com cobertura era um sinal de identidade e respeito por seu marido-cabeça.[1]

Mas, no processo de notar a ordem e a distinção entre homens e mulheres, não podemos perder de vista o que os homens e as mulheres estavam fazendo:

> Todo homem que ora ou profetiza, tendo a cabeça sem véu desonra a sua própria cabeça. Toda mulher, porém, que ora ou profetiza com a cabeça descoberta, desonra a sua própria cabeça, porque é como se a tivesse rapada [...] Julgai entre vós mesmos: é próprio que a mulher ore a Deus sem trazer o véu? (vv. 4-5, 13).

Aqui, o pressuposto claro é que ambos, homens e mulheres, participavam do culto público de adoração por meio da oração e da profecia. Sabemos definir a oração — comunhão direta com Deus em louvor e petições, que se tornou possível pelo Senhor Jesus, cujo sangue nos purifica e dá acesso ao Pai, em seu nome. Aqui, o quadro mostra homens e mulheres cultuando juntos a Deus em oração, como homens e mulheres. É um retrato que mostra o cumprimento do propósito original de Deus de criar homem e mulher à sua imagem: em oração, os membros dessa igreja estão

---

[1] Uma das melhores e mais detalhadas discussões de 1 Coríntios 11.1-66 encontra-se no livro de Claire Smith, *God's Good Design: What the Bible Really Says about Men and Women* (Matthias Media, 2012), pp. 53-80.

refletindo juntos o Deus triúno, como um só corpo, em um relacionamento com ele e uns com os outros que não se quebra.

O que dizer, porém, da *profecia*? Vemos Débora profetizando no Antigo Testamento. Será que Paulo está falando dessa mesma atividade? Provavelmente não. Nos tempos do Antigo Testamento, os profetas entregavam a palavra inspirada de Deus, escrevendo-a enquanto eram levados a isso pelo Espírito Santo (2Pe 1.21). Nos tempos do Novo Testamento, os apóstolos entregavam a palavra inspirada por Deus, escrevendo-a conforme eram dirigidos pelo Espírito Santo, tornando completa a revelação escrita de Deus. (Existem também falsos profetas em todos os tempos; eles entregam palavras não oriundas de Deus.) Na igreja estabelecida sob as Escrituras completas de Deus, as palavras de profecia não são iguais à palavra inspirada de Deus; conforme o ensino de Paulo, hoje entendemos profecia como promulgada pelo Espírito Santo e entregue a uma congregação da igreja, mas sempre sujeita a avaliação e correção das Escrituras, sob a supervisão de presbíteros que julguem de acordo com o testemunho apostólico ou bíblico.[2] Paulo dá instruções cuidadosas sobre como as profecias devem ser feitas de maneira ordeira no ajuntamento da igreja, uma de cada vez, para que todos possam beneficiar-se (1Co 14.26-

---

2   John Piper dá uma explicação clara e sucinta sobre a profecia no Novo Testamento em www.desiringdeus.org/articles/the-new-testament-gift-of-prophecy. Acesso em 09 out. 2017.

40). As mulheres participariam plenamente do oferecimento de uma profecia, entre as pessoas que traziam "um hino, uma palavra de instrução, uma revelação, uma língua ou uma interpretação" (v. 26). Imagine a diversidade de vozes que participam nos tempos de adoração. Isso é importante, e também é lindo. Em um culto de domingo pela manhã em que estive recentemente, uma mulher deu um testemunho comovente sobre adoção. Incluía um pouco de sua história pessoal e algumas exortações bíblicas baseadas no fato de Deus nos haver adotado em sua família. Foi uma boa palavra — além de um exemplo de algo que eu chamaria de "profecia" no Novo Testamento.

Paulo fala sobre julgar as profecias (vv. 29-33) — e é nesse contexto que ele dá sua instrução controversa quanto ao dever de as mulheres permanecerem caladas:

> conservem-se as mulheres caladas nas igrejas, porque não lhes é permitido falar; mas estejam submissas como também a lei o determina. Se, porém, querem aprender alguma coisa, interroguem, em casa, a seu próprio marido; porque para a mulher é vergonhoso falar na igreja (vv. 34-35).

Acabamos de ver as mulheres orando e profetizando — assim, isso obviamente não é um chamado ao completo silêncio. No entanto, durante a avaliação das profecias, as mulheres deveriam manter-se caladas. Paulo foca esposas que, em vez de falar nesse momento, honram seus maridos, esperando e conversando mais tarde com eles em casa.

Paulo também explica por que a ordem é importante. É provável que a frase "como também a lei o determina" (14.34) provavelmente se refira a Gênesis e à criação ordenada de homem e mulher nos livros de Moisés — chamados "a lei". A razão fundamental está na natureza de Deus: "porque Deus não é de confusão, e sim de paz" (v. 33). A Divindade existe em um relacionamento perfeito e ordenado — homens e mulheres refletem essa ordem (11.3). Tal ordem deve brilhar claramente na igreja, quando homens e mulheres participam juntos em oração e profecia.

Ensinar e aprender

As mulheres também são conclamadas a aprender e ensinar. O exemplo de Priscila tem encorajado muitas pessoas, inclusive a mim. Vimos que Priscila partilhava tanto de fazer tendas como do ensino do evangelho com seu marido, Áquila (At 18.1-3, 18-26). Os dois sempre são mencionados juntos, três vezes com o nome de Priscila primeiro e três vezes com o nome de Áquila primeiro. Esse equilíbrio agradável parece representar sua parceria de vida e ministério, sendo Priscila uma parceira completa. Paulo, também construtor de tendas, viveu e trabalhou nas horas que passavam juntos. Priscila e Áquila eram anfitriões de uma igreja em sua casa, mas os dois também viajaram com Paulo, que relata a respeito de ambos: "os quais pela minha vida arriscaram a sua própria cabeça; e isto lhes agradeço, não somente eu, mas também todas as igrejas dos gentios; saudai igualmente a igreja que se reúne na casa deles" (Rm 16.4-5).

Talvez o relato mais belo e detalhado sobre esse casal venha de sua interação com Apolo, um pregador eloquente que ensinava a respeito de Jesus, mas não entendia toda a verdade do evangelho. Áquila e Priscila o ouviram e agiram depois com exemplar combinação de graciosidade e preocupação com a verdade: "Ouvindo-o, porém, Priscila e Áquila, tomaram-no consigo e, com mais exatidão, lhe expuseram o caminho de Deus" (At 18.26).

Bem, talvez você diga que Priscila não era formalmente mestre; apenas ensinava informalmente junto com seu marido. Minha resposta é que, antes de tudo, nunca devemos subestimar o poder de um ministério desse tipo. Combinado a hospitalidade e humildade, o ensino de Priscila e Áquila obviamente atingiu um número imenso de vidas, incluindo a de um dos mais influentes pregadores da época.

Parece que o ensino das mulheres, mencionado em Tito 2, também envolvia ambientes informais e relacionamentos pessoais. Tito deve ensinar as mulheres mais velhas a viver umas com as outras de forma piedosa e, "quanto às mulheres idosas, semelhantemente, que sejam sérias em seu proceder, não caluniadoras, não escravizadas a muito vinho; sejam mestras do bem, a fim de instruírem as jovens recém-casadas a amarem ao marido e a seus filhos (Tt 2.3), com ênfase para os relacionamentos familiares, conforme já vimos. No contexto daquela carta, que insta o entrelaçamento da sã doutrina *e* das boas obras na igreja, presumimos que as mulheres mais velhas estariam ensinando "o que é bom", instruindo as mulheres mais jovens tanto em boa doutrina como em boas obras. Obviamente, esse ministério essencial entre mulheres não é para ser levado de maneira leviana. Todas nós somos mestres em uma variedade de obras, quer em palanques diante das multidões, quer ao lado da cama de nossas criancinhas ou em torno das mesas conversando com as amigas.

No entanto, eu diria que você está certa: nas Escrituras, em nenhum lugar as mulheres são estimuladas a ser mestres formais da igreja, do modo como Paulo encoraja Timóteo ou Tito nas epístolas pastorais. De fato, Paulo aborda essa questão com Timóteo em um dos versículos mais debatidos do Novo Testamento, 1 Timóteo 2.12: "E não permito que a mulher ensine, nem exerça autoridade de homem; esteja, porém, em silêncio". Conforme mencionamos no último capítulo, muitos livros foram escritos sobre esse versículo. Ao discutirmos brevemente essa passagem, o primeiro ponto importante é que o versículo que o antecede diz que a mulher deve aprender: "A mulher aprenda em silêncio, com toda a submissão" (v. 11). Novamente, vemos encorajamento na crescente participação das mulheres, mais uma vez, dentro de uma ordem definida. Vem à mente o quadro de Maria sentada aos pés de Jesus.

Mas aqui aparece de novo aquela palavra incômoda, "submissão". Dessa vez, vem no contexto de uma carta enviada a um pastor, a respeito da igreja. Paulo escreve "para que, se eu tardar, fiques ciente de como se deve proceder na casa de Deus, que é a igreja do Deus vivo" (3.14-15). Em 2.8-10, Paulo aborda o comportamento de homens e mulheres na comunhão de adoradores. Nesse contexto, portanto, o versículo 11 fala sobre mulheres que se submetem aos "bispos" ou "diáconos" da igreja — sobre os quais Paulo passa a discutir no capítulo seguinte da carta.

Tanto em 1 Timóteo como em Tito, Paulo descreve as qualificações dos homens chamados para liderar a igreja: esses "bispos" têm de ser fortes em seu caráter piedoso, líderes fiéis em suas casas *e* "aptos para ensinar" (1Tm 3.2), que tenha "poder tanto para exortar pelo reto ensino como para convencer os que o contradizem" (Tt 1.9). São homens assim qualificados que devem liderar a igreja na exposição das Escrituras, julgando as profecias e assim por diante. Esse é um papel de autoridade a que toda a congregação se submete, assim como uma esposa submete-se ao seu marido. O fato de Deus ser um Deus de ordem é moldado em todas as camadas do mundo que ele criou, certamente e acima de tudo, para que aprendêssemos a nos submeter a ele como nosso Senhor Deus soberano.

Desse modo, 1 Timóteo 2.11 fala sobre o que as mulheres *devem fazer*, e o versículo 12, o que elas *não devem* fazer: ensinar ou exercer autoridade sobre um homem. Naturalmente, tanto homens como mulheres devem se submeter aos presbíteros; porém, essas instruções destinam-se especificamente às mulheres. Conjectura-se que as mulheres da igreja em Éfeso estavam sendo especialmente conflituosas, talvez tentando agarrar-se à autoridade de um modo impiedoso. O texto não diz isso. Para apoio imediato, Paulo não recorre ao contexto cultural, mas a Gênesis e à ordem da Criação: "Porque, primeiro, foi formado Adão, depois, Eva. E Adão não foi iludido, mas a mulher, sendo enganada, caiu em transgressão" (vv. 13-14).

Pela lógica desses versículos, Paulo baseia sua ordem de autoridade dentro da igreja diretamente na ordem original de Deus na Criação. Assim como o ensino do Novo Testamento quanto a quem é o cabeça dentro do casamento nos reconduz a Gênesis (veja o capítulo 9), também ensina a respeito da ordem na igreja. O argumento dessa seção em 1 Timóteo 2 parece ter o seguinte progresso: as mulheres não deveriam desempenhar determinado papel ligado aos bispos/ diáconos de uma igreja, porque ("porque", v. 13) esse tipo de autoridade foi investido ao homem por ocasião da Criação, ao ser criado primeiro. O homem recebeu a palavra de Deus para viver por ela e, então, foi responsabilizado diante de Deus a guardar, acima de tudo, essa palavra.

Isso nos leva ao ponto em que Paulo nota que Adão não foi enganado, mas, sim, a mulher. Adão foi responsabilizado por Deus não apenas por ter comido o fruto, mas por ter escutado sua mulher (Gn 3.17). O ponto aqui é que ele abdicou de sua responsabilidade de guardar a palavra de Deus — comeu o fruto que a mulher lhe deu, sabendo plenamente que estava desobedecendo à ordem de Deus. Essas palavras em 1 Timóteo 2 nada têm a ver com a conclusão de que todas as mulheres seriam mais facilmente enganadas do que todos os homens só porque Eva foi enganada; dizem respeito ao fato de os homens serem responsáveis por guardar a Palavra de Deus e liderar a comunidade (seja o grupo de duas, duzentas ou duas mil pessoas) onde essa Palavra é seguida.

Essa verdade criacional explica a tessitura histórica da liderança entre o povo de Deus. No Antigo Testamento, os sacerdotes tinham de ser homens qualificados, conforme dispunha a lei de Deus (Êx 29.30). Jesus escolheu discípulos do sexo masculino (Mc 3.13-19). Agora, os líderes da igreja de Cristo devem ser homens qualificados.

Os princípios e a prática

Como devemos processar essa instrução baseada em Gênesis, no sentido de que a mulher não deve ensinar nem exercer autoridade sobre o homem? Quais são as implicações disso para as mulheres? Olhando em retrospecto, observamos um chamado ao silêncio que começa e termina em 1 Timóteo 2.11-12. Isso deve ser importante. Aponta para o coração e para a língua. O versículo 12 especifica certas áreas em que as mulheres devem praticar o silêncio — certos papéis de autoridade de bispos não são permitidos às mulheres — e, conforme o contexto, podemos resumi-los da seguinte forma: no ensino das Escrituras ao povo de Deus na assembleia, para prestar culto (como no ensino da Bíblia, feito por pastores e presbíteros nos cultos regulares da igreja); e no exercício de autoridade sobre a congregação (como autoridade espiritual que os pastores e presbíteros exercem, de julgar as doutrinas e as profecias, de conduzir a disciplina na igreja, e assim por diante).[3]

Os versículos 13-15 são cruciais para o entendimento dessa passagem: primeiro, porque, conforme já vimos, remetem-nos a Gênesis, livro no qual a ordem original de Deus foi estabelecida, para, então, ser corrompida pelo pecado; segundo, porque nos lembram do plano de Deus, que engloba tudo desde o princípio, conforme o versículo 15 conclui, ao repetir a promessa de Gênesis 3 em relação a um descendente: "Todavia, será preservada através de sua missão de mãe, se ela permanecer em fé, e amor, e santifica-

---

[3] Mesmo entre aqueles que concordam que esse versículo ensina a liderança masculina dentro da igreja, existe uma divergência quanto ao significado do termo "ou"; veja os livros recomendados no capítulo 9 para uma discussão mais profunda. A questão específica é se "ou" (grego *oude*) cria o que se chama de "hendiadys", misturando em um só significado as duas palavras que une, de modo que o versículo trata não de duas coisas, mas somente de uma: algo como "ensino autoritativo". Uma possível implicação desse posicionamento seria o fato de que às mulheres é permitido o ensino na igreja que se ajunta para adoração, desde que elas não o façam assumindo para si a autoridade dos presbíteros, mas falando debaixo dessa autoridade. James Hurley aceita essas palavras como sendo *hendiadys*, da mesma forma que Kathy Keller: veja, de Hurley, *Man and Woman in Biblical Perspective*, p. 201; e de Keller, *Jesus, Justice, and Gender Roles: A Case for Gender Roles in Ministry* (Zondervan, 2012, e-book location 205 of 684). Porém, Claire Smith, Andreas Kostenberger e Douglas Moo, entre outros, tem argumentado de maneira bastante convincente que o *oude* aqui ajunta duas coisas relacionadas, mas distintas: ensino, e exercer autoridade (veja especialmente, de Kostenberger, o capítulo 3: "A Complex Sentence: The Syntax of 1 Timothy 2:12," em *Women in the Church: An Analysis and Application of 1 Timpthy 2:9-15*, páginas 117-161; e o capítulo de Moo, "What Does It Mean Not to Teach or Have Authority Over Men?" em *Recovering Biblical Manhood and Womahood*, ed. John Piper e Wayne Grudem, pp. 179-193).

ção, com bom senso". Toda essa passagem desafiadora sobre esse estranho e lindo versículo acaba levando as mulheres até Cristo, o Salvador, e à esperança que se encontra nele (veja as pp). O verbo "permanecer" nos impulsiona: Paulo está encorajando as mulheres a permanecer em fidelidade, demonstrando cada vez mais a imagem de Deus, como portadoras femininas dessa imagem, até que a história da salvação se complete. Essa é uma palavra forte e boa para as mulheres.

Esse permanecer acontece no contexto da igreja local, e o processo é complexo. As congregações que afirmam o ensino básico da Escritura sobre a liderança masculina têm de trabalhar sob a direção de seus próprios pastores e presbíteros quanto à forma de aplicar esses princípios nas muitas áreas cinzentas da vida na igreja — como, por exemplo, se uma mulher pode liderar ou ser colíder de um pequeno grupo de estudos bíblicos de membros adultos de ambos os sexos; se uma mulher deve ensinar numa classe de igreja mista de adultos (ou em quais classes na igreja ela pode ensinar); como e quando uma mulher deve participar dos cultos regulares da igreja e assim por diante. Todo mundo é tentado a querer listas explícitas do que pode ou não fazer, mas, do mesmo modo que observamos em relação ao casamento, em relação à ordem na igreja, a Bíblia não oferece detalhes sobre situações específicas.

É papel dos presbíteros liderar a congregação a seguir fielmente a Palavra, ensinando e expondo, com a maior clareza possível, sua posição nessas áreas. É papel dos membros da igreja, tanto das mulheres como dos homens, apoiar essa liderança com alegria e em oração. Com certeza, é papel de todos nós falar e agir com caridade em relação aos irmãos que pensam de modo diferente quanto ao desenvolvimento desses ensinamentos.

Mas vamos nos lembrar do seguinte: essa instrução específica de Paulo vem em um contexto de claro encorajamento da Escritura para que as mulheres ensinem! É crucial reiterar que 1 Timóteo 2.12, que reserva o papel de presbíteros/pastores para homens qualificados, não aborda e, portanto, não limita os muitos tipos de falas e ensino em que as mulheres devem ser estimuladas a atuar, conforme sua maturidade e seus dons. Quanto à competência, as mulheres não são diferentes dos homens e são excelentes mestres. Aqueles que afirmam essa ordem dada na Palavra de Deus deverão ser os mais livres e felizes em insistir que as mulheres, de toda forma possível, sirvam e ensinem dentro dessa boa ordem. É importante e belo ver as mulheres participando, de todas as formas, da vida e da adoração na igreja, e isso inclui o ensino; de fato, quando as mulheres participam ativa e visivelmente, a igreja está mais apta a celebrar a realidade da união na imagem de Deus, conforme ele planejou em Gênesis 1.

Todo o tipo de coisas

Penso que Romanos 16 é um dos mais belos capítulos do Novo Testamento. Não fala de mulheres; fala da igreja. Ao enviar saudações pessoais e recomendações no final dessa magnífica epístola, Paulo faz referência a mulheres e homens, todos juntos e misturados, de uma maneira maravilhosa. Nesse processo, ele revela um espectro de formas como esses crentes servem ao Senhor, lado a lado. As mulheres não eram ajudantes passivas na vida da igreja; estavam orando e profetizando, aprendendo e ensinando. Como Evódia e Síntique em Filipos, elas "juntas se esforçaram comigo no evangelho" (Fp 4.3).

Em Romanos 16, primeiro aparece Febe, "serva da igreja em Cencreia" (v. 1; NVI). Provavelmente, foi ela quem levou essa epístola aos Romanos; Paulo pede que a "recebais no Senhor como convém aos santos e a ajudeis em tudo que de vós vier a precisar; porque tem sido protetora de muitos e de mim inclusive".

Há certa controvérsia quanto a Febe, porque a palavra traduzida para "serva" no grego, *diakonos,* pode significar "servo" ou "diácono" — e é usada de ambas as maneiras em diversas passagens. Não vamos solucionar aqui a questão de as mulheres deverem ou não exercer o ofício de diácono — ofício de serviço à igreja que envolve o cuidado de necessidades materiais. Para nosso propósito, o ponto é que Paulo primeiro recomenda uma mulher que está oferecendo forças e meios significativos para apoiar a igreja. Devemos ficar felizes por Febe ter recebido tanta atenção de Paulo, bem como dos cristãos de hoje em dia, pois essa atenção serve para destacar o valor das mulheres na igreja e a beleza de sua participação nas atividades de serviço ligadas aos diáconos. Se Febe desempenhava ou não um papel "oficial", ela claramente desempenhava um papel chave na estabilidade e crescimento da Igreja primitiva. Tanto seu papel como a recomendação pública de Paulo podem encorajar e instruir a igreja atual.

Em seguida, vêm Priscila e Áquila, de quem falamos e a quem Paulo chama "meus cooperadores em Cristo Jesus" (v. 3). Ambos são descritos assim. A igreja se reunia *na casa deles* (v. 5). *Eles* arriscaram suas vidas por ele, diz Paulo (v. 4). Obviamente, a existência de uma liderança masculina na igreja não demandava nem permitia uma atitude de desinteresse ou de superioridade por parte de líderes ou membros masculinos. Vemos isso com clareza ao ler essas epístolas até o final, cheio de saudações pessoais, em vez de selecionar os versículos mais difíceis. Paulo emerge pessoalmente em suas saudações, desempenhando sua liderança com o carinho amoroso de um pastor que ama todas as suas ovelhas, chamando-as pelo nome. Imagine o que significou para cada um ter seu nome lido em voz audível e documentado dessa forma.

Paulo menciona o trabalho de muitos deles: "Maria, que muito trabalhou por vós" (v. 6); Trifena e Trifosa (talvez irmãs), "as quais trabalhavam no Senhor" (v. 12);

Pérside, querida amiga de Paulo: "Saudai a estimada Pérside, que também muito trabalhou no Senhor" (v. 12). Há um senso de família próxima nesses versículos; na verdade, Paulo envia saudações tanto a Rufo como à mãe de Rufo, que, Paulo diz, "também tem sido mãe para mim" (v. 13).

Tais frases oferecem vislumbres da energia e do senso de comunidade desses cristãos do primeiro século espalhados pelo império, onde, frequentemente, não eram aceitos, mas onde o evangelho produzia frutos por toda parte, por causa de seus trabalhos compartilhados com amor. Nós, crentes de hoje, podemos nos identificar com eles, e aprender com eles. Pulamos o versículo 7: "Saudai Andrônico e Júnias, meus parentes e companheiros de prisão, os quais são notáveis entre os apóstolos e estavam em Cristo antes de mim".

A frase "são notáveis entre os apóstolos" também tem sido entendida como "bem conhecidos dos apóstolos" em outras versões, como na ESV da língua inglesa. No entanto, ambas as versões observam que o significado não se refere à união dos dois a Paulo e aos doze originalmente chamados; mas que eram "muito estimados" pelos apóstolos, ou que eram, eles mesmos, apóstolos, conforme o ensino mais geral, no sentido de "mensageiros do evangelho" — como os missionários. É provável que formassem um casal envolvido na difusão do evangelho, e que sofreu na prisão junto com Paulo, por fazer isso.

Levando adiante

A Escritura está repleta de vislumbres desafiadores de mulheres que desempenharam papel crucial e ativo junto com os homens, em uma igreja que seguia a ordem disposta por Deus e, dentro dessa ordem, vida e missão compartilhadas. As mulheres estão bem no meio dessa luta: orando... profetizando... aprendendo... ensinando... muito se esforçando no Senhor... sendo parceiras e encorajando os líderes... servindo como missionárias... providenciando sustento financeiro... abrindo suas casas... sofrendo prisões... sendo mães... e a lista poderia continuar e expandir-se. O retrato é vibrante e belo, porque mostra o corpo de Cristo. Somente tendo Cristo como nosso cabeça, nós poderemos, homens e mulheres feitos à sua imagem, ajuntar-nos para adorar e servir ao nosso Deus Criador.

As implicações desse panorama são variadas, assim como são os respectivos exemplos. A implicação principal é um chamado às mulheres e aos homens para seguir esses santos antigos, amando e dando sua vida à igreja, até que vejamos Cristo face a face. Nós temos de levar isso adiante. Por meio do quadro vivo do corpo de Cristo, fomos chamados a testemunhar juntos em um mundo cheio de pessoas que precisam conhecê-lo. O retrato, contudo, não é perfeito, tal como será um dia. Mas é um quadro que mostra Cristo e sua igreja — e nós temos o privilégio de estar nele. Por seu Espírito, podemos viver a espécie de amor que atrairá outras mulheres e outros homens à família de Deus. E, ao apreendermos esse quadro maior da família de Deus que cresce, nossa irritação por ver a ordem de Deus aos poucos vai sendo substituída por um senso de privilégio — e de alegria — de fazer parte dela. E esta verdade é bela: nós temos o privilégio de viver e servir na família de Deus para sempre.

    Esse era o lugar para onde Deus estava indo, no Éden. O final da história traz cura para o dilaceramento que o pecado provocou, quando, há muito tempo, invadiu a boa criação de Deus. Toda a Bíblia fala sobre Deus criar um povo para si; finalmente, isso se resolve na igreja comprada pelo sangue de Cristo — seu corpo, sua noiva. Nossa parte na história se passa em uma igreja que está crescendo depressa, e as pessoas chegam a ele de todas as nações, mirando o dia em que ele voltará.

11 A BONDADE DE DEUS

Tivemos vislumbres da grande história da Bíblia e da consistente bondade de Deus para com as portadoras femininas de sua imagem, do começo ao fim. Enquanto vivemos nossa parte atual da história, contudo, as coisas podem ficar confusas. Os crentes ainda sofrerão com o pecado e o sofrimento até a nossa morte e entrada na presença de Deus, ou até Jesus voltar.

As mulheres, em especial, continuam sofrendo os efeitos da Queda, que tiveram início em Gênesis. Nos últimos dois contextos considerados, o casamento e a igreja, podemos discernir tanto os maiores sinais de esperança como também a pior destruição do pecado. Não nos surpreende que a serpente, Satanás, ataque com maior impiedade essas duas estruturas, por meio das quais Deus resplandece a beleza de Cristo e de seu povo redimido. Foi o que Satanás começou a fazer no Éden — e falta a ele criatividade para inventar outros métodos.

Tudo isso quer dizer que nós, seres humanos, homens e mulheres, temos de confiar sem hesitar na Palavra de Deus para iluminar o caminho até o fim. Tem sido o alvo deste livro apontar para a luz dessa Palavra — que, afinal, é a luz de Cristo, nosso Salvador. Na condição de seus seguidores, andamos em sua luz, e essa luz é boa. Quando Cristo vier pela segunda vez, para julgar a todos e habitar com seu povo, sua luz acabará definitivamente com todas as trevas. No caminho até aquele dia, devemos afirmar a bondade de Deus. Devemos conhecer profundamente a bondade de Deus e mostrá-la claramente.

À luz de tudo que vimos neste livro, temos três conclusões quanto à forma de conhecer, agora mesmo, a bondade de Deus em relação às mulheres, ao vivenciarmos esta parte da história e nos apressarmos rumo ao dia da vinda de Cristo.

1) A bondade de Deus por meio de sua Palavra

Esse primeiro tópico não é surpresa! *O povo de Deus experimenta sua bondade quando recebe sua Palavra.* As Escrituras são a voz de Deus soprada para nós —fomos criados para nos alimentar dela e para a compartilharmos com outras pessoas. Especialmente quanto a questões de gênero, existem vozes de perto e de longe que nos instam a questionar a Palavra de Deus, tratando-a como antiquada, reformulando-a conforme nossa experiência ou simplesmente ignorando-a como guia final e suficiente para a fé e a prática. Quanto mais nos afastamos da Palavra de Deus, menos conhecemos sua bondade para conosco.

Então, como nos mantermos próximos da Palavra, tendo nela nosso prazer e compartilhando a boa revelação de Deus? Confiamos supremamente nessa Palavra — não em nossa própria sabedoria, não nas palavras de um livro como este ou de um blog ou em qualquer outra coisa. Oramos e estudamos, e, pelo Espírito de Deus, procuramos submeter-nos à autoridade de sua Palavra. Lemos esta palavra inspirada por Deus, livro por livro. Comparamos uma parte das Escrituras com outra, e mais outra, e mais outra, do começo ao fim. E, enquanto a estudamos, aprendemos não somente pelo Espírito que inspirou as palavras, como também por meio da comunidade do povo de Deus ao redor de nós. Sentamo-nos com regularidade e humildade sob a pregação e o ensino da Palavra, e buscamos o conselho de pastores, líderes e amigos. Estamos dispostos a ser corrigidos. Lemos os escritos de pensadores sábios do passado e do presente, e submetemos todas as suas palavras à brilhante luz da Escritura. Compartilhamos a Palavra de Deus em todo contexto em que Deus nos der a oportunidade. Trata-se de um processo contínuo, desempenhado pelo povo de Deus e pela graça de Deus.

No caso das igrejas, a primazia da Palavra de Deus aponta para a importância do treinamento bíblico de seus membros. O pastor titular, sob o qual eu adorava a Deus e aprendi os ensinos durante a maior parte de minha vida adulta, presenteava sua congregação não somente com uma pregação forte, mas também com cursos substanciais de treinamento, de estudo e comunicação das Escrituras. Desenvolvidos e ministrados por pastores e presbíteros da igreja, esses cursos eram abertos a mulheres e homens. Esses cursos eram rigorosos e enriquecedores, e ajudaram a treinar a congregação no estudo e no compartilhamento da Palavra de Deus — e a seguir o Salvador em seu cerne. Também ajudaram a identificar líderes masculinos e femininos para diversas áreas da igreja.

Um profundo embasamento na Palavra tem de se tornar uma coisa boa, sem a qual não conseguimos viver. Com as vozes do desafio soando alto ao nosso redor, temos de saber articular clara e biblicamente aquilo em que cremos e por que cremos. O fato de o cargo de pastor/presbítero ser reservado a homens qualificados obviamente não quer dizer que as mulheres de uma congregação devam simplesmente ficar sentadas para receber a verdade. Claramente também não quer dizer que devemos lutar com amargura, ressentidas por causa das diferenças ordenadas por Deus. Quer dizer que, ao lado dos homens de nossas igrejas, somos posicionadas a crescer e ministrar com alegria — assim como tantas mulheres nas páginas da Escritura.

Isso pode significar falar, orar e trabalhar com os pastores e/ou presbíteros que ajudam a tornar o ensino e o treinamento acessíveis a mulheres em uma congregação.[1] Junto com o estabelecimento de cursos na igreja, os líderes podem encorajar mulheres e homens a participar de diversos workshops ou cursos de estudo bíblico disponíveis fora da igreja ou pela internet. Grupos específicos dentro da igreja podem ser estabelecidos; eu conheço um pastor que, junto com algumas mulheres mais experientes de sua congregação, treinou pessoalmente grupos de mulheres mais velhas, a fim de ajudá-las a ser mentoras de mulheres mais jovens, de acordo com a Palavra de Deus. Um pré-requisito para esse treinamento era que cada uma dessas mulheres mais velhas se comprometesse a, por um tempo, reunir-se regularmente com uma mulher mais nova, com o objetivo de nutri-la na fé. Talvez esse exemplo envolva um pouco mais de estrutura do que algumas gostariam — mas certamente foi algo cheio do cuidado pastoral maravilhoso e singular!

Um treinamento dessa espécie produz bons frutos na vida de uma igreja; as mulheres passam adiante aquilo que aprenderam e estão aprendendo. Isso equipa as mulhe-

---

[1] Carrie Sandom contribuiu com um capítulo útil sobre a importância de treinar líderes na igreja local no livro Ministério de Mulheres, ed. Gloria Furman e Kathleen Nielson (Editora Fiel, 2016).

res a dar um testemunho efetivo dentro e fora da igreja — em todos os contextos e chamados da vida. Seria uma pena se os homens da igreja se sentissem ameaçados por mulheres treinadas bíblica e teologicamente. Recentemente, um amigo pastor me disse quanto valoriza mulheres assim em sua congregação, pois elas ajudam a nutrir pessoalmente outras em pontos aos quais, algumas vezes, os homens não conseguem chegar — e oferecem feedback consistente para os sermões e as discussões teológicas. As mulheres podem ter o alvo de ser essa espécie de ajuda rica, centrada na Palavra, no corpo de uma igreja. Como uma mulher pode começar a gerar essa espécie de cultura ou ajudá-la a se desenvolver? Bem, o progresso pode ter início com uma conversa cheia de oração entre algumas mulheres e o pastor ou, talvez, com algumas mulheres lendo a Bíblia na companhia de outras.

Como conhecemos a bondade de Deus em relação às mulheres hoje? A bondade de Deus derrama-se sobre todos os seus seres criados por meio de sua Palavra viva e ativa.

2) A bondade de Deus em Cristo Jesus

Não podemos falar sobre a bondade de Deus através de sua Palavra desvinculando-a da bondade que se manifesta em Cristo, o qual brilha, do começo ao fim, nessa Palavra. *O corpo de Cristo conhece sua bondade por meio da conexão compartilhada com Cristo, nosso cabeça.* Se examinarmos as Escrituras sem encontrar Cristo, corremos o risco de ser como os líderes religiosos dos dias de Jesus, a quem ele disse: "Examinai as Escrituras, porque julgais ter nelas a vida eterna, e são elas mesmas que testificam de mim; E não quereis vir a mim para terdes vida" (Jo 5.39-40).

É fácil argumentar a respeito de questões e textos sem confrontar pessoalmente a realidade de Jesus. Como crentes, afirmamos essa realidade; contudo, com demasiada frequência, não celebramos, de forma consciente, a presença de nosso Senhor Jesus exaltado, ressurreto, aquele que reina. Ele está à destra de Deus agora mesmo, em toda a sua glória; ele está conosco e dentro de nós por meio de seu poderoso Espírito; e logo romperá à nossa vista, em toda a sua glória desvendada. Tais fatos devem dominar nossa vida conjuntamente. Contudo, eu sei que sou capaz de discutir a respeito de Jesus, esquecendo-me de que ele está bem ali. Sou capaz de perguntar se Deus é bom enquanto, de alguma forma, ignoro a bondade derramada em nós por meio de seu Filho.

No Capítulo 8 deste livro, eu lhes falei de uma mulher que tinha dificuldades e lutava para amar Jesus porque ele era homem. Essa mulher trabalhava, com todo o seu coração, para alcançar toda espécie de coisas para as mulheres, especialmente entre as cristãs: oportunidades de educação e serviço, respeito e o fim de toda espécie de insensibilidade e abuso. Essas coisas têm um grande valor — são coisas que devemos buscar. Mas, separadas da adoração ao Senhor Jesus, tudo isso se torna causa ou fim em si mesmo. Tornam-

-se medidas para a interação humana, dividindo as pessoas "iluminadas" daquelas "não esclarecidas". Tornam-se lutas pelo "empoderamento das mulheres" — uma frase que ouvimos com frequência. Vale a pena fazer a seguinte pergunta: será que essa frase ressoa as Escrituras?

O que realmente condiz com tudo que vemos nas Escrituras é que as mulheres têm de ser valorizadas como portadoras da imagem de Deus, juntamente com os homens — e que todos os crentes, cheios e empoderados pelo Espírito do Cristo ressurreto, sirvam a ele juntos, até que ele volte. A ordem de Deus, para homem e mulher, no casamento e na igreja tem o propósito de trazer unidade. Unidade mediante complementaridade. Tornar-nos um, no fim, com Cristo e em Cristo. Sermos o povo unido de Deus é nossa boa identidade eterna, e nós estamos crescendo agora mesmo nessa identidade, ao refletirmos cada vez mais Jesus.

Essa unidade de homens e mulheres com Deus e uns com os outros foi quebrada no Éden, com consequências que se estendem pela história da civilização e da igreja até os dias atuais — incluindo maus-tratos de muitas mulheres por muitos homens. A solução do mundo para esse mal é despertar as mulheres à parte dos homens — dar poder a elas. E esse empoderamento solidifica e até mesmo aumenta essa divisão entre homens e mulheres que começou com a Queda. A solução de Deus para esse mal é chamar tanto homens como mulheres a se prostrar diante dele. Seu bom plano é que seu povo chamado seja salvo pela graça, mediante a fé em Cristo — e em Cristo, então, ressuscitaremos todos juntos: "e, juntamente com ele, nos ressuscitou, e nos fez assentar nos lugares celestiais em Cristo Jesus" (Ef 2.6).

Paulo fala a "nós", corpo de Cristo, acerca dessas verdades: Sim, nós o conhecemos individualmente; como mulheres, experimentamos seu cuidado tão pessoalmente quanto aquelas mulheres dos Evangelhos, a quem ele tocou e a quem olhou no rosto e tratou com palavras que, ainda hoje, nos comovem. E, sim, como mulheres, visaremos nutrir o crescimento das mulheres e o crescimento da igreja em seu cuidado pelas mulheres em particular. Mas seremos impulsionadas por um motivo ainda maior: a glória de Cristo, nosso cabeça, quando essa glória é refletida em seu corpo, a igreja: "nós". Seremos motivadas a orar e a nos submeter à liderança da congregação local da qual fazemos parte. Seremos motivadas pela saúde e pelo crescimento do corpo de Cristo — e pelo privilégio de brilhar juntos sua luz ao mundo que nos cerca.

Essa verdade sobre nossa identidade como corpo de Cristo deveria conduzir-nos a tomar bastante cuidado ao planejarmos um "ministério de mulheres"; se a igreja não for cuidadosa, um ministério assim pode separar as mulheres dos demais membros, colocando seu ministério em um silo e, na verdade, diminuindo sua importância, ao isolá-las da participação no corpo. Em alguns casos, a título de honrar as mulheres, parece que elas são separadas em segurança em um grupo dedicado apenas às "atividades das mulheres", em parte para se esquivar do trabalho duro de integrar uma congregação de homens e mulheres a serviço de Cristo, nosso cabeça. No final das contas, teremos populações paralelas, mas não realmente cooperadoras, dentro da igreja. Não são apenas as mulheres ou os homens que perdem com isso; por fim, acabamos diminuindo o reflexo da glória de Cristo se não refletirmos essa glória em uma unidade robusta. Mesmo enquanto ministram efetivamente às suas irmãs, as mulheres dentro do corpo da igreja podem ajudar a promover a unidade, ao procurar participar ativamente da vida da igreja — por exemplo, em oração, em áreas de supervisão financeira, ensino, música, desenvolvimento curricular e editorial, hospitalidade, ministério infantil, ministério de misericórdia e assim por diante.

Como conhecemos a bondade de Deus em relação às mulheres agora? A bondade de Deus transborda para toda parte de seu corpo mediante a conexão compartilhada com Cristo, nosso cabeça.

3) A bondade de Deus ao permanecer na linha da Escritura

Os portadores da imagem de Cristo conhecem a bondade de Deus por meio da humildade diante de sua Palavra. O livro de Tiago nos diz: "acolhei, com mansidão, a palavra em vós implantada, a qual é poderosa para salvar a vossa alma" (Tg 1.21). A humilde aceitação da Palavra de Deus significa receber a Palavra de Deus pelo poder do Espírito, sem acrescentar ou subtrair nada dela — um processo ao qual nos referiremos como "permanecer na linha".

Nos workshops voltados a mulheres do Charles Simeon Trust, no qual, por vezes, colaboro, ensinando, temos uma instrução denominada "permanecer na linha".[2] Trata-se de permanecer na linha da Escritura: não deixar de fora as partes das quais não gostamos, e não acrescentar coisas que julgamos necessárias e que a Escritura não diz — como os fariseus do tempo de Jesus tendiam a fazer com todos os seus regulamentos extras. Não permanecer na linha não é algo novo. Foi o que Eva fez no Éden quando disse à serpente que Deus mandou que não se comesse do fruto daquela árvore, nem tocasse nela. Eva caminhou acima da linha e, então, a soltou. Perdeu a linha de vida da Palavra de Deus.

É muito fácil querer dizer mais, ou menos, do que Deus disse, especialmente no que se refere às questões relacionadas às mulheres. Se uma instrução bíblica me parece difícil demais — por exemplo, a instrução de Paulo a Timóteo de que uma mulher não deve ensinar ou exercer autoridade sobre um homem —, instintivamente, procuro meios para me esquivar dessa linha. Sigo abaixo da linha quando diminuo a importância dessas palavras, talvez explicando-as como presas à cultura da época, apesar de estarem ligadas na Escritura a verdades desde a Criação. Sigo acima dessa linha quando uso essas palavras para proibir todo ensino

---

[2] Disponível em www.simeontrust.org.

e toda liderança das mulheres na igreja. No processo de examinar a linha da Escritura, é importante lembrar que não estamos falando de uma linha de julgamento, mas de uma linha de vida! Estamos falando sobre ouvir e seguir a voz de Deus, que revela graciosamente o caminho da vida, aberto por meio de seu Filho. Assim, podemos orar com o salmista: "Guia-me pela vereda dos teus mandamentos, pois nela me comprazo" (Sl 119.35).

Vamos considerar dois exemplos de ensino dentro do corpo mais amplo de Cristo, cada qual com um ímpeto positivo que, contudo, parece estar acima da linha da Escritura.

Primeiro, algumas mulheres foram ensinadas que jamais deveriam trabalhar fora do lar. Algumas vezes, essa lei é aplicada a todas as mulheres; outras vezes, porém, só a mães com filhos ainda em casa. Já ouvi esse princípio sendo aplicado a todas as mulheres em geral — hipótese em que as filhas solteiras permaneceriam na casa dos pais e ajudariam a cuidar dela. Parece-me que esse ensino se desenvolveu a partir de inferências extraídas de diversos textos bíblicos: especialmente de Gênesis 3, em que, depois da Queda, é falado a Eva que a dor acompanharia o ato de ter filhos; e a Adão, que teria trabalho sofrido no campo. E temos também Tito 2, em que vimos a ênfase no fato de as mulheres estarem "ocupadas em casa".

Não há dúvida de que as mulheres são privilegiadas por dar à luz filhos, conforme Deus escolhe concedê-los.

A BONDADE DE DEUS

Não há dúvida quanto à ênfase da Escritura na prioridade do lar e da família. Não há dúvida de que um marido é chamado para ser o cabeça e servir à sua esposa e amá-la, e que ela deva submeter-se a ele com respeito e ajudá-lo de toda a forma possível. Não há dúvida de que os filhos devem honrar seus pais. Quando as famílias desenvolvem esses princípios bíblicos debaixo de Deus e na comunidade da igreja, os crentes devem clamar com encorajamento — pelo trabalho infinitamente valioso das mulheres, que muito se esforçam para cuidar do lar e dos filhos... pelo trabalho de homens, que muito se esforçam para sustentar e liderar suas famílias... e por todas as mulheres e todos os homens que se esforçam em uma combinação de meios e locais. Não encontro regra clara na Escritura que prescreva apenas o trabalho de permanecer em casa para as mulheres ou as mães; certamente, a prioridade de suas famílias, conforme Deus as concede, pode ser mantida por uma diversidade (talvez uma diversidade variável) de configurações de trabalho gerenciado por cada família. Devemos ter cuidado para não seguir acima da linha da Escritura nessas questões.

    O segundo exemplo envolve a definição de masculinidade e feminilidade: ou seja, com vistas a afirmar exatamente qual é a essência da masculinidade ou da feminilidade conforme Deus intentou. Torna-se algo desafiador porque a Escritura em nenhum momento define masculinidade ou feminilidade. Temos de extrapolar o que a Escritura diz em muito do que já olhamos juntos neste livro. Pessoalmente, considero fascinante e muito útil tentar definir esses conceitos extrapolando a Escritura — mas nunca vou querer apresentar as minhas definições, ou as definições de outra pessoa, como se fossem ensinos explícitos da Escritura. Isso estaria acima da linha.

    Parece ser a melhor opção simplesmente enfatizar os pontos de partida dados pela Escritura (ou seja, de permanecer na linha). Em relação às mulheres, diversos pontos de partida nos parecem claros. Falamos a respeito de um deles no Capítulo 7, referindo-nos a isso diversas vezes: Deus fez as mulheres de modo a portar em si mesmas o potencial de conceber e gerar filhos. Quer uma mulher se torne mãe, quer não, o equipamento biológico relacionado a esse potencial a marca como mulher no plano de Deus. Todas as mulheres experimentam essa marca da feminilidade, pensam a esse respeito, sentem esperança, sofrem e refletem profundamente acerca desse mistério. Nesse sentido, "dar à luz filhos" é o ponto de partida básico da condição feminina, com o intuito de nos remeter a Cristo. Ao recebermos com humildade essa verdade a nosso respeito pela Escritura, mantemo-nos na linha. Ensinar a qualquer pessoa que, fisicamente, dar à luz filhos tem de ser a realização máxima da feminilidade seria ultrapassar em muito seu intuito — e até mesmo perdê-lo de vista.

    O que dizer do ponto de partida de ser "auxiliadora" (veja o Capítulo 2)? Esse papel foi atribuído a Eva como a primeira esposa ou como a primeira mulher no mundo? A

Bíblia não responde claramente. Vimos isso nas diretrizes neotestamentárias para as esposas — que, é interessante observar, não fazem referência ao papel de ajudadora. A submissão está relacionada a ajudar, mas não é exatamente a mesma coisa. À luz de toda a trajetória da Escritura, faz sentido que o papel de ajudadora seja dado a Eva como a primeira mulher, representando as mulheres (e não somente as esposas) para segui-la. O relacionamento humano de Adão e Eva reflete a Divindade não somente por meio do casamento, mas, conforme vimos, por meio da imagem de unidade do povo de Deus servindo a ele juntas, uma imagem que culmina na igreja. A linha se expande por toda a Escritura. Nesse sentido, Adão e Eva foram a primeira pequena congregação de uma igreja, tendo como líder Adão, com Eva a seu lado como cooperadora no trabalho.[3] Se isso é correto, o papel de "auxiliadora" é realmente o ponto de partida para todas as mulheres. Novamente, é importante dizer que, quanto a vivenciar o papel de auxiliadora, a Bíblia dá ordens explícitas apenas nos contextos do casamento e da igreja. Mas essa não é uma aplicação limitada, pois a igreja é o contexto que dura eternamente.

Outro ponto de partida para a feminilidade não é uma diretriz específica, mas um agrupamento de palavras — palavras como submissão e silêncio. Essas qualidades devem caracterizar todo o povo de Deus, mas nós vemos essas

---

3   Ouvi essa ideia pela primeira vez de David Helm, pastor titular da congregação Hyde Park, da Holy Trinity Church, em Chicago, e diretor da Charles Simeon Trust.

palavras, repetidas vezes, associadas às mulheres no Novo Testamento. Em 1 Timóteo, é enfatizado especialmente o silêncio: o versículo sobre não ensinar ou exercer autoridade está encapsulado em um chamado para que "a mulher aprenda em silêncio, com toda a submissão" (1Tm 2.11) e em um chamado para que "esteja, porém, em silêncio" (v. 12). Aqui é preciso assinalar uma restrição: o silêncio não é só de língua, mas também de espírito; as mulheres se submetem à liderança na igreja e, em última instância, a Deus. Os versículos anteriores exortam as mulheres à modéstia no culto, instando semelhante senso de moderação:

> Da mesma sorte, que as mulheres, em traje decente, se ataviem com modéstia e bom senso, não com cabeleira frisada e com ouro, ou pérolas, ou vestuário dispendioso, porém com boas obras (como é próprio às mulheres que professam ser piedosas) (vv. 9-10).

Paulo insta que as mulheres não tenham uma aparência exterior "gritante", mas algo que combine com um ser interior humilde e cheio de adoração.

Aqui começa a aparecer uma linha. O mesmo conjunto de conceitos aparece em 1 Pedro 3, que fala às esposas, mas com princípios aplicáveis a todas as mulheres:

> Não seja o adorno da esposa o que é exterior, como frisado de cabelos, adereços de ouro, apa-

rato de vestuário; seja, porém, o homem interior do coração, unido ao incorruptível trajo de um espírito manso e tranquilo, que é de grande valor diante de Deus (1Pe 3.3-4).

As duas passagens culminam com o foco em Deus — adorá-lo e viver diante dele. É este o ponto: viver adorando o Senhor Deus. Essa é a linha em que desejamos permanecer. Ambas as passagens conclamam as mulheres a assumir não apenas uma lista de regras externas, mas também um silêncio interior de espírito diante de Deus, que se evidencia em moderação exterior de palavras, vestimentas e comportamentos.

Você conhece mulheres com um espírito manso e tranquilo? Isso não significa mulheres fracas; significa, sim, as mais fortes, aquelas que exercem moderação sobre si mesmas ao se submeter, pelo Espírito, a Deus e à sua Palavra. Pense nas mulheres mencionadas em Romanos 16. Um espírito assim não é o que o mundo de hoje celebra nas mulheres. Tal espírito caracteriza uma ajudadora eficaz; fortalece e levanta as pessoas ao seu redor. Brilha por meio de uma gloriosa exibição de personalidade e de dons. Conduz a realizações e feitos surpreendentes sem autopromoção. Brilha um testemunho singular em um mundo que jogou fora toda moderação. Um espírito manso vale nossa consideração em oração como um dos pontos de partida para uma feminilidade piedosa.

Exibindo a bondade de Deus

Agora, temos resumido o modo como conhecemos a bondade de Deus em relação às mulheres: por sua Palavra; em Cristo, nossa cabeça; e por meio da humildade diante da Palavra de Deus ao lermos e nos mantermos "na linha". Resta-nos viver de modo a mostrar essa bondade. Em um mundo que, com frequência, despreza a revelação de Deus, que nós não respondamos com o recuo! Que não tenhamos vergonha de ensinar as verdades da Bíblia! Pelo contrário, que as falemos e vivamos em humildade e ousadia, visando, primeiramente e acima de tudo, dar testemunho da bondade de Deus a nós em Jesus Cristo, seu Filho.

As verdades bíblicas a respeito das mulheres apontam-nos de forma implacável para Jesus. Não são verdades a serem ensinadas como uma lista de regulamentos que se encerram em si mesmos. Talvez não sejam as primeiras verdades que compartilharemos com aqueles que não conhecem Cristo. Elas são verdades mais belas, não quando são extraídas da Bíblia e tornam-se como um sistema passível de ensinamento, mas quando são encontradas como parte de toda a revelação da Palavra de Deus e vivida entre o povo de Deus. Podemos espalhar indícios dessas belíssimas verdades com nosso jeito de viver como mulheres e homens em unidade, sob o senhorio de Cristo.

Não podemos fingir fazer isso, nem dizer que alguma vez fizemos isso de maneira perfeita. Longe disso. É crucial que nós, na igreja, homens e mulheres juntos, admitamos abertamente como temos falhado em viver conforme a bondade de Deus. Podemos nos arrepender e confessar uns aos outros, como pecadores que foram purificados pelo sangue de Cristo e que dependem da graça de Deus. Podemos mostrar ao próximo e ao mundo como é o perdão. Podemos orar por nós mesmos, e uns pelos outros, nos diversos chamados e responsabilidades que Deus nos deu no lar, na igreja e na sociedade. Podemos ter em vista cooperar juntos no evangelho, cada vez mais e de todo o coração, a fim de espalhar esse evangelho àqueles ao nosso redor.

O evangelho é a boa-nova de um Deus bom e glorioso que redimiu a sua criação por meio de seu Filho. Que nós, mulheres e homens redimidos, vivamos para demonstrar a bondade de Deus, para a glória de Cristo, até que ele volte.

AGRADECIMENTOS

Sou extremamente grata ao Senhor Deus por uma vida repleta de pessoas amadas e amigos que me ensinaram e vivenciaram as verdades celebradas neste livro. Meu pai faleceu antes de o livro estar concluído, mas ele orava por isso e me animava — assim como fez diante de cada tarefa que eu enfrentei na vida. Papai ensinou a Palavra e ministrou a pessoas conforme essa Palavra, no trabalho, em casa e em todo lugar em que se encontrava, até o fim. Ele teve duas filhas, uma agora no céu junto dele, e nos encorajava a prosseguir com alegria em servir ao Senhor Jesus. Louvo a Deus pela dádiva de um pai e de uma mãe que, juntos, transmitiram as riquezas espirituais em Cristo, mostrando à minha irmã e a mim a importância de transmiti-las a outras pessoas.

Sou grata pelas igrejas fiéis das quais fiz parte, em que testemunhei o corpo de Cristo desenvolvendo muitas das questões que este livro aborda. Por muitos anos, o pastor Kent Hughes, de College Church, em Wheaton, Illinois, foi um pastor piedoso para toda a nossa família; ele promovia o crescimento nas Escrituras por toda a igreja, deixando marcas em muitas vidas, inclusive na minha.

Ao trabalhar neste livro, tenho estado, por uma parte do tempo, sob a pregação de meu marido em Jacarta, na Indonésia, e a outra parte do tempo sob a pregação de nosso filho em Roselle, Illinois. Deus faz crescer e fortificar sua Igreja em toda parte do mundo. Que encorajamento ver a mão de Deus sobre seu povo de perto e de longe, quando considero perguntas tão fundamentalmente importantes para os relacionamentos na Igreja!

As pessoas da editora The Good Book Company têm sido atenciosas e me encorajaram, de modo coerente, com todas as suas sugestões e ajuda — da mesma forma que meus colegas no The Gospel Coalition. Foi uma alegria imensa trabalhar de perto com Mary Willson em algumas iniciativas no período em que escrevi este livro. Mary orou, escutou, aconselhou e leu partes do manuscrito, junto com Ann Westrate; sou grata por sua ajuda e seu encorajamento. Gloria Furman leu um pouco e orou muito. Don Carson reservou um tempo em meio às suas viagens e ao seu trabalho para ler uma versão e oferecer seu *feedback*. Sou abençoada por ter amigos assim.

Sou abençoada pelo grande presente de uma família amorosa. Jon e Jeanne, Dan e Lyndee, e David — obrigada por conversar a respeito, orar e sempre me encorajar. Primeiro e acima de tudo, finalmente, agradecimentos amorosos a meu marido, Niel, que leu e releu os manuscritos, que enxerga com clareza e fala diretamente, e sempre me chama para seguir em frente e descobrir mais.

FIEL
Editora

O Ministério Fiel visa apoiar a igreja de Deus, fornecendo conteúdo fiel às Escrituras através de conferências, cursos teológicos, literatura, ministério Adote um Pastor e conteúdo online gratuito.

Disponibilizamos em nosso site centenas de recursos, como vídeos de pregações e conferências, artigos, e-books, audiolivros, blog e muito mais. Lá também é possível assinar nosso informativo e se tornar parte da comunidade Fiel, recebendo acesso a esses e outros materiais, além de promoções exclusivas.

Visite nosso site
www.ministeriofiel.com.br

Impressão e Acabamento | Gráfica Viena
Todo papel desta obra possui certificação FSC® do fabricante.
Produzido conforme melhores práticas de gestão ambiental (ISO 14001)
www.graficaviena.com.br